HA...
GUIDE D...
Français- Anglais

par
LEXUS

VOCABLE
LES NEWS A LIRE EN V.O.

HARRAP

London and Paris

First published in Great Britain 1988
by HARRAP BOOKS Ltd
Chelsea House 26 Market Square
Bromley Kent BR1 1NA

© *Harrap Books Ltd Lexus Ltd* 1988

ISBN 0-245-54695-2

Reprinted 1988, 1989 (twice), 1990 (twice),
1991

Printed in England by Clays Ltd, St Ives plc

TABLE DES MATIERES

Les expressions et les phrases proposées dans ce guide actuel vous permettront de vous exprimer lors de votre séjour dans un des pays anglophones. Chaque rubrique se compose d'un vocabulaire de base, d'une sélection de phrases utiles ainsi que d'une liste de mots et d'expressions courantes que vous pourrez voir ou entendre sur place (panneaux, renseignements, indications, directions etc.). Vous pourrez bien vous faire comprendre grâce aux indications très simples de prononciation spécialement adaptées pour les lecteurs français.

Ce guide vous propose un mini-dictionnaire français-anglais et anglais-français comportant, en tout, près de 5000 termes contemporains. Vous pourrez ainsi, en vous aidant des phrases données, converser plus librement et établir des contacts plus intéressants avec les habitants.

Les plaisirs de la table n'ont pas été oubliés, en effet la rubrique ''La Cuisine Britannique'' vous donne une liste complète de plats typiques britanniques (200 environ) expliqués en'français.

Ce guide comporte aussi deux rubriques inédites; une sur les expressions familières et une autre qui se consacre aux variations régionales existant entre l'Angleterre, l'Irlande, l'Ecosse et le Pays de Galles et indique quelques différences typiquement américaines.

> **good luck!**
> *goude leuke*
> bonne chance !

et

> **have a nice trip!**
> *Hève e naïsse tripe*
> bon voyage !

PRONONCIATION

Le système de prononciation des phrases données en anglais dans ce guide utilise la prononciation du français pour reproduire les sons de la langue anglaise. Si vous lisez la prononciation de la même manière que les mots français vous pourrez vous faire comprendre par un anglophone.

Il existe trois sons très particuliers à la langue anglaise:

H   un 'h' aspiré très prononcé

TH   son 'ce' qui se prononce en plaçant la langue entre les dents, comme dans Mme Thatcher

Z   représente le fameux 'th' anglais si difficile à prononcer pour les français — écoutez un anglais parler et essayez de reproduire ce son — toutefois si vous le prononcez entre le 'z' et le 's' on vous comprendra

Lorsque les voyelles ou les syllabes sont données en caractères gras il faut les prononcer de manière plus accentuée.

VOCABULAIRE DE BASE

salut (*bonjour etc.*)
hi
Haï

salut (*au revoir*)
cheerio
tchirio

bonjour (*le matin*)
good morning, hello
goude mornine, Helô

bonjour (*l'après-midi*)
good afternoon, hello
goude afteunoune, Helô

bonsoir
good evening, hello
goude ivnine, Helô

bonne nuit
good night
goude naïte

au revoir
goodbye
goudbaïe

à bientôt
see you
si you

enchanté
pleased to meet you
plizde tou mite you

oui
yes
yèsse

VOCABULAIRE DE BASE

si
yes
yèsse

non
no
nô

non merci
no thank you
nô thènke you

s'il vous plaît
please
plize

merci
thank you/ thanks
thènke you/ thènxe

merci beaucoup
thanks very much
thènxe vèri meutche

il n'y a pas de quoi
you're welcome
youre ouèlkeume

excusez-moi
sorry
sori

comment ?
sorry?
sori?

comment allez-vous ?
how are you?
наou â you?

très bien, merci
very well, thank you
vèri ouèle, thènke you

et vous-même ?
and yourself?
ènde yoursèlfe?

VOCABULAIRE DE BASE

pardon, Monsieur/ Madame
excuse me
èxkiouze mi

c'est combien ?
how much is it?
наou meutche ize ite?

je peux … ?
can I …?
kène aïe …?

je voudrais …
can I have …?
kène aïe нève …?

j'aimerais …
I'd like …
aïde laïke …

où est … ?
where is …?
ouère ize …?

ce n'est pas …
it's not …
itse note …

est-ce que c'est … ?
is it …?
ize ite …?

y a-t-il … ici ?
is there … here?
ize Zéa … нire?

pourriez-vous répéter ?
could you say that again?
coude you sé Żate aguène?

pourriez-vous parler plus lentement ?
please don't speak so fast
plize done-te spike sô faste

je ne comprends pas
I don't understand
aïe done-te eunedeurstènde

9

VOCABULAIRE DE BASE

d'accord
OK
oké

allons-y !
come on, let's go!
keume one, lètse gô!

comment ça s'appelle en anglais ?
what's that called in English?
ouotse Zate colde ine ine-gliche?

oui, ça va très bien
that's fine!
Zatse faïne!

closed	fermé
do not ...	défense de ...
engaged	occupé
enquiries	renseignements
entrance	entrée
exit	sortie
forbidden	interdit
free	gratuit
gents	messieurs
ladies	dames
left	gauche
lift	ascenseur
litter	poubelle, papiers
no entry	entrée interdite
no parking	stationnement interdit
no smoking	défense de fumer
open	ouvert
out of order	en panne
private	privé
pull	tirer
push	pousser
right	droite
vacant	libre
way out	sortie

LE VOYAGE

aéroglisseur	hovercraft	*Hôveucrafte*
aéroport	airport	*ère-porte*
avion	plane	*pléne*
bagages	baggage	*baguidge*
car	coach	*côtche*
couchette	sleeper	*slipeu*
docks	docks	*doxe*
ferry	ferry	*féri*
gare	station	*stécheune*
port	harbour	*Harbeure*
porte (*aéroport*)	gate	*guéte*
réserver	book	*bouke*
taxi	taxi	*taxi*
terminal	terminal	*teurminal*
train	train	*tréne*

un billet pour . . .
a ticket to . . .
e tikète tou . . .

j'aimerais réserver une place
I'd like to reserve a seat
aïde laïke tou rizeurve e site

fumeurs/ non fumeurs, s'il vous plaît
smoking/ non-smoking please
smôkine/ none-smôkine plize

une place près de la fenêtre, s'il vous plaît
a window seat, please
e ouine-dô site, plize

sur quel quai part le train pour . . . ?
which platform is it for . . .?
ouïtche plateforme ize ite fore . . .?

à quelle heure part le prochain vol ?
what time is the next flight?
ouote taïme ize Ze nèxte flaïte?

11

LE VOYAGE

c'est bien le train pour . . . ?
is this the right train for . . .?
ize Zisse Ze raïte tréne fore . . .?

cet autobus va-t-il à . . . ?
is this bus going to . . .?
ize Zisse beusse goïne tou . . .?

cette place est libre ?
is this seat free?
ize Zisse site fri?

est-ce que je dois changer (de train) ?
do I have to change (trains)?
dou aïe нève tou tchénge (trénze)?

c'est bien cet arrêt pour . . . ?
is this the right stop for . . .?
ize Zisse Ze raïte stop fore . . .?

quel terminal pour . . . ?
which terminal is it for . . .?
ouitche teurminale ize ite fore . . .?

ce billet va bien ?
is this ticket OK?
ize Zisse tikète oké?

je voudrais changer mon billet
I'd like to change my ticket
aïde laïke tou tchénge maï tikète

merci pour votre hospitalité
thanks for a lovely stay
thènxe fore e leuvli sté

c'est vraiment gentil d'être venu me chercher
thanks very much for coming to meet me
thènxe vèri meutche fore keumine tou mite mi

nous voici donc à . . .
well, here we are in . . .
ouèle, нire oui â ine . . .

LE VOYAGE

anything to declare?
ènithine tou diclère?
rien à déclarer ?

will you open this bag, please?
ouile you opène Zisse bague, plize?
ouvrez votre valise, s'il vous plaît

arrival(s)	arrivée(s)
baggage claim	retrait des bagages
boarding	embarquement
cancelled	annulé
check-in	enregistrement des bagages
crossing	traversée
customs	douane
delayed	retardé
departure(s)	départ(s)
departure lounge	salle d'embarquement
domestic departures	départs vols intérieurs
entrance	entrée
exit	sortie
fasten your seat belts	attachez vos ceintures
flight	vol
gate	porte
international departures	départs internationaux
non-smoking	non-fumeurs
smoking	fumeurs
take-off	décollage
way in	entrée
way out	sortie

L'HEBERGEMENT

auberge de jeunessse	youth hostel *youthe Hosteule*
avec salle de bain	with bath *ouiZe bathe*
chambre	room *roume*
chambre pour deux	double room *deubeule roume*
chambre pour une personne	single room *sine-gueule roume*
clé	key *ki*
déjeuner	lunch *leunche*
dîner	dinner *dineu*
douche	shower *chaoua*
hôtel	hotel *Hôtèle*
lit	bed *bède*
nuit	night *naïte*
pension	guesthouse *guèste-Haousse*
petit déjeuner	breakfast *brèkfeuste*
réception	reception *rissèpcheune*
salle à manger	dining room *daïnine-roume*
salle de bain particulière	private bathroom *praïveute bathe-roume*

j'aimerais une chambre pour une nuit
do you have a room for one night?
dou you Hève e roume fore ouone naïte?

j'aimerais une chambre pour une personne
do you have a room for one person?
dou you Hève e roume fore ouone peursone?

j'aimerais une chambre pour deux personnes
do you have a room for two people?
dou you Hève e roume fore tou pipeule?

j'ai réservé une chambre
I have a reservation
aïe Hève e rèzeurvécheune

14

L'HEBERGEMENT

nous aimerions louer une chambre pour une semaine
we'd like to rent a room for a week
ouïde laïke tou rènte e roume fore e ouike

je cherche une bonne chambre pas chère
I'm looking for a good cheap room
aïme loukine fore e goude chipe roume

quel est le prix de la chambre ?
how much is it?
наou meutche ize ite?

est-ce que je peux voir la chambre, s'il vous plaît ?
can I see the room please?
kène aïe si Ze roume plize?

est-ce que le petit déjeuner est inclus dans le prix ?
does that include breakfast?
doze Zate ine-cloude brèkfeuste?

une chambre avec vue sur la mer
a room overlooking the sea
e roume oveuloukine Ze si

nous aimerions rester encore une nuit
we'd like to stay another night
ouïde laïke tou sté èneuZeu naïte

nous arriverons tard le soir
we will be arriving late
oui ouile bi araïvine léte

pourriez-vous préparer ma note, s'il vous plaît ?
can I have my bill please?
kène aïe нève maï bile plize?

je vais payer comptant
I'll pay cash
aïle pé cache

vous acceptez les cartes de crédit ?
can I pay by credit card?
kène aïe pé baïe credite-carde?

pouvez-vous me réveiller à 6 heures 30 demain matin ?
will you give me a call at 6.30 in the morning?
ouïle you guive mi e corle ète six theuti ine Ze mornine?

L'HÉBERGEMENT

à quelle heure servez-vous le petit déjeuner/ dîner ?
at what time do you serve breakfast/ dinner?
ète ouote taïme dou you seurve brèkfeuste/ dineu?

est-ce que nous pouvons prendre le petit déjeuner dans notre chambre ?
can we have breakfast in our room?
kène oui нève brèkfeuste ine aoua roume?

merci de nous avoir hébergés
thanks for putting us up
thènxe fore poutine eusse eupe

B&B, bed and breakfast	chambre avec petit déjeuner
boarding house	pension de famille
campsite	terrain de camping
Continental breakfast	petit déjeuner à la française
emergency exit	sortie de secours
English breakfast	petit déjeuner à l'anglaise
fire escape	escalier/sortie de secours
full board	pension complète
ground floor	rez-de-chaussée
guest house	pension de famille
guests are requested to vacate their rooms by 12 o'clock	veuillez libérer la chambre avant midi
half board	demi-pension
lift	ascenseur
lounge	salon
no vacancies	complet
please do not disturb	ne pas déranger
rooms to let	chambres à louer
shower	douche
vacancies	chambres à louer
YHA	Fédération des auberges de jeunesse
youth hostel	auberge de jeunesse

AU RESTAURANT

addition	bill *bile*
boire	drink *drine-ke*
cuisine	food *foude*
dessert	dessert *dizeurte*
entrée	starter *stâteu*
garçon	waiter *ouéteu*
manger	eat *ite*
menu	menu *mèniou*
plat principal	main course *méne corse*
pourboire	tip *tipe*
restaurant	restaurant *rèstrante*
salade	salad *saleude*
serveuse	waitress *ouétrèsse*
service	service *seurvisse*

une table pour trois, s'il vous plaît
a table for three, please
e tébeule fore thri, plize

j'aimerais voir le menu
can I see the menu?
kène aïe si Ze mèniou?

nous aimerions commander
we'd like to order
ouïde laïke tou ordeu

qu'est-ce que vous recommandez ?
what do you recommend?
ouote dou you rècomènde?

j'aimerais . . ., s'il vous plaît
I'd like . . . please
aïde laïke . . . plize

garçon !
waiter!
ouéteu!

AU RESTAURANT

mademoiselle !
waitress!
ouétrèsse!

l'addition, s'il vous plaît
could I/we have the bill, please?
coude aïe/oui нève Ze bile, plize?

deux crèmes, s'il vous plaît
two white coffees please
tou ouaïte cofize plize

c'est pour moi
that's for me
Zatse fore mi

encore un peu de pain, s'il vous plaît
some more bread please
seume more brède plize

une bouteille de rouge/ blanc, s'il vous plaît
a bottle of red/ white wine please
e boteule ove rède/ ouaïte ouaïne plize

Indian restaurant	cuisine indienne, très épicée, prix très abordables
Chinese restaurant	cuisine chinoise, en général à des prix très abordables
licensed restaurant	restaurant autorisé à vendre des boissons alcoolisées
service (not) included	service (non) compris
set menu	menu
take away	plats à emporter
wine list	carte des vins

apple pomme
apple crumble pommes au four recouvertes de pâte sablée
apple pie tarte aux pommes
apricot abricot
Aylesbury duckling caneton (de qualité supérieure)

bacon lard maigre
bacon and eggs oeufs au bacon
baked au four
baked beans haricots blancs à la sauce tomate
Bakewell tart tarte à la pâte d'amandes et à la confiture
bangers and mash purée de pommes de terre avec des saucisses
beef boeuf
beefburger hamburger
beef olives paupiettes de boeuf
beetroot betterave
black coffee café noir
blackcurrant cassis
black pudding boudin
boiled bouilli
boiled egg oeuf à la coque
bread pain
bread and butter pudding dessert cuit au four à base de pain, de lait et de raisins secs
breast of chicken blanc de poulet
broth bouillon
Brussels sprouts choux de Bruxelles
bubble and squeak purée de pommes de terre, choux et viande hachée
butter beurre

cabbage chou
cake gâteau

LA CUISINE BRITANNIQUE

casserole ragoût
cauliflower cheese chou-fleur au gratin
cheese fromage
cheese and biscuits fromage servi avec des biscuits
  salés
cheesecake tarte au fromage blanc et à la crème fraîche
cherry cerise
chicken poulet
chicken liver pâté pâté de foie de volaille
chips frites
chop côtelette
claret bordeaux rouge
cod cabillaud, morue
coffee café (généralement au lait)
cold meats assiette anglaise
Cornish pasty sorte de feuilleté à la viande
cottage pie sorte de hachis Parmentier
cream crème
cream of tomato soup velouté de tomates
cucumber concombre
curried au curry
custard crème anglaise

deep fried frit
doughnut beignet
Dover sole sole
duck canard
duckling caneton
dumpling quenelle

egg oeuf

fish poisson
fish and chips poisson frit avec des frites
fool mousse aux fruits
French beans haricots verts
French dressing vinaigrette
fresh orange juice orange pressée
fried egg oeuf sur le plat
fruit cake cake

game gibier

LA CUISINE BRITANNIQUE

gammon jambon cuit
gammon steak tranche épaisse de jambon cuit
garlic ail
ginger gingembre
grapefruit pamplemousse
gravy sauce au jus de viande
green beans haricots verts
green peas petits pois
grilled grillé

haddock églefin
haggis genre d'andouillette de mouton, spécialité écossaise
hake colin
halibut flétan
ham jambon cuit
hard boiled egg oeuf dur
haunch of venison cuissot ou gigue de chevreuil
hazelnut noisette
herring hareng
home made fait maison
honey miel
horseradish sauce sauce au raifort

ice cream glace
Irish stew ragoût de mouton et de légumes

jam confiture
jellied eels tranches d'anguille en aspic
jugged civet de lièvre
juice jus

kebab brochette
kedgeree pilaf de poisson
kidney rognon
king prawn grosse crevette
kipper hareng fumé

lamb agneau
Lancashire hotpot ragoût à la viande et aux pommes de terre

LA CUISINE BRITANNIQUE

leek and potato soup soupe aux poireaux et pommes de terre
leg of lamb gigot d'agneau
lemon citron
lemon sole limande
lettuce laitue
liver foie
lobster homard

macaroni cheese macaroni au gratin
mackerel maquereau
marmalade confiture d'orange
mashed potatoes purée de pommes de terre
meat viande
meatball boulette de viande
milk lait
minced meat steak haché
mint sauce sauce à la menthe
mixed grill assortiment de grillades
mushroom champignon
mussels moules
mustard moutarde

onion oignon
orange juice jus d'orange
oxtail soup soupe à la queue de bœuf
oyster huître

pancake crêpe
parsley persil
peach pêche
pear poire
pepper poivre; poivron
pheasant faisan
pickles condiment aigre-doux
pie tarte, tourte
pineapple ananas
plaice carrelet
plain nature
ploughman's lunch assiette garnie avec fromage, pain, crudités et 'pickles'

LA CUISINE BRITANNIQUE

poached poché
pork chop côte de porc
porridge bouillie de flocons d'avoine
prawn cocktail cocktail de crevettes

rabbit lapin
radish radis
raspberry framboise
rice riz
rice pudding riz au lait
roast beef rôti de bœuf, rosbif
roast chicken poulet rôti
rye bread pain de seigle

salmon saumon
salt sel
sausage saucisse
sausage roll sorte de friand
savoury salé
scallop coquille Saint-Jacques
scampi crevettes frites
Scotch egg œuf dur enrobé de chair à saucisse
scrambled eggs œufs brouillés
seafood fruits de mer
sherry trifle diplomate au sherry
side salad salade d'accompagnement
sirloin steak bifteck dans l'aloyau
smoked salmon saumon fumé
spinach épinards
steak and kidney pie bœuf et rognons en sauce
  recouvert de pâte feuilletée
steak and kidney pudding genre de tourte farcie avec
  du bœuf et des rognons en sauce et cuite à la vapeur
stew ragoût
Stilton fromage (bleu)
strawberry fraise
stuffing farce (très souvent: oignon, sauge et mie de
  pain)
sugar sucre
sweet and sour aigre-doux
sweetcorn maïs en grains

LA CUISINE BRITANNIQUE

T-bone steak côte de boeuf
tea with milk thé au lait
thousand islands mayonnaise à la tomate
toad in the hole saucisse enrobée de pâte à crêpe et
  cuite au four
toasted sandwich sandwich au pain de mie grillé
tomato tomate
trifle sorte de diplomate aux fruits
trout truite
tuna (fish) thon
turkey dinde

veal veau
veal, ham and egg pie pâté en croûte de veau, jambon
  et oeuf dur
veg, vegetables légumes
venison venaison

whipped cream crème Chantilly
whitebait petite friture
whiting merlan

Yorkshire pudding pâte à choux cuite au four servie
  avec le rôti de boeuf

bière	beer *bire*
bière blonde	lager *lagueu*
bistro	pub *peube*
blanc	white *ouaîte*
coca (R)	coke *côke*
demi	half a pint *нafe e païne-te*
doux	sweet *souite*
gin-tonic	gin and tonic *djine ènde tonike*
glace	ice *aïsse*
heure de fermeture	closing time *clôzine taïme*
jus d'orange	fresh orange *frèche orènge*
limonade	lemonade *lèmonéde*
magasin de vins et spiritueux	off-licence *ofe-laïsseune-se*
pression	draught *drafte*
rouge	red *rède*
sec	dry *draï*
(*sans glace etc.*)	straight *stréte*
vin	wine *ouaïne*
vodka	vodka *vodka*
whisky	whisky *ouíski*

on va boire un pot ?
let's go for a drink
lètse gô fore e drine-ke

une bière, s'il vous plaît (*grande*)
a pint of lager please
e païne-te ove lagueu plize

un demi, s'il vous plaît
half a pint of lager please
нafe e païne-te ove lagueu plize

AU PUB

un verre de rouge/ blanc
a glass of red/ white wine
e glasse ove rède/ ouaïte ouaïne

avec beaucoup de glace
with lots of ice
ouiZe lotse ove aïsse

sans glace, s'il vous plaît
no ice thanks
nô aïsse thènxe

la même chose, s'il vous plaît
the same again please
Ze séme aguène plize

qu'est-ce que vous prenez ?
what'll you have?
ouoteule you нève?

c'est ma tournée
I'll get this round
aïle guète Zisse raounde

pas pour moi, merci
not for me thanks
note fore mi thènxe

il est complètement déchiré
he's absolutely smashed
нize absoloutli smachde

à la vôtre
cheers
tchirze

bitter	bière rousse
draught	pression
lager	bière blonde
pub grub	nourriture servie dans un pub
saloon/lounge bar	salle la plus confortable du
stout	bière brune
wine bar	bar vins

QUELQUES EXPRESSIONS FAMILIERES

bourré	pissed *piste*
cinglé	nutter *neuteu*
clope	fag *fague*
dingue	barmy *bami*
imbécile	thickie *thiki*
mec	bloke *blôke*
nana	bird *beurde*
salaud	bastard *basteurde*

super !
great!
gréte!

quelle horreur !
that's awful!
Zatse ôfoule!

ferme-la !
shut up!
cheute-eupe!

aïe !
ouch!
aoutche!

miam!
yum-yum!
yeume-yeume!

je suis complètement crevé
I'm absolutely knackered
aïme absoloutli nakeude

j'en ai marre
I'm fed up
aïme fède eupe

j'en ai ras le bol de ...
I'm fed up with ...
aïme fède eupe ouiZe ...

27

QUELQUES EXPRESSIONS FAMILIERES

laissez-moi rire !
don't make me laugh!
done-te méke mi lafe!

vous plaisantez !
you've got to be joking!
youve gote tou bi djôkine!

ça vaut rien
it's rubbish
itse reubiche

c'est du vol organisé
it's a rip-off
itse e ripe-ofe

tire-toi !
get lost!
guète loste!

c'est vraiment embêtant
it's a nuisance
itse e niousseune-se

c'est vraiment génial
it's absolutely fantastic
itse absoloutli fane-tastike

booze	alcool
flipping heck	ça alors !
hang on a minute	une seconde !
it's a piece of cake	c'est facile
no way	pas question !
okey-doke	d'accord
over the moon	très heureux
telly	la télé
wally	couillon
weirdo	personne bizarre
yuppy	jeune cadre touchant un salaire très important

LES TRANSPORTS

aller retour	return	*riteurne*
aller simple	single	*sine-gueule*
autobus	bus	*beusse*
billet	ticket	*tikète*
carte	map	*mape*
changer	change	*tchénge*
essence	petrol	*pètreule*
faire du stop	hitch-hike	*нitche-нaïke*
garage	garage	*garidge*
gare	station	*stécheune*
métro	underground	*eune-deugraounde*
moto	motorbike	*motobaïke*
taxi	taxi	*taxi*
ticket	ticket	*tikète*
train	train	*tréne*
vélo	bike	*baïke*
voiture	car	*câ*

j'aimerais louer une voiture/ un vélo
I'd like to rent a car/ bike
aïde laïke tou rènte e câ/ baïke

combien ça coûte par jour ?
how much is it per day?
нaou meutche ize ite peu dé?

quand dois-je ramener la voiture ?
when do I have to bring the car back?
ouène dou aïe нève tou brine Ze câ bake?

je vais à ...
I'm going to ...
aïme goïne tou ...

par où est ...?
how do I get to ...?
нaou dou aïe guète tou ...?

29

LES TRANSPORTS

REPONSES

straight on
stréte one
tout droit

turn left/ right
teurne lèfte/ raïte
tournez à gauche/ droite

it's that building there
itse Zate bildine Zère
c'est ce bâtiment-là

it's back that way
itse bake Zate oué
il faut revenir sur vos pas

first/second/third on the left
feurste/sèkeunde/theurde one Ze lèfte
première/deuxième/troisième à gauche

nous visitons la région
we're just travelling around
ouire djeuste travline araounde

je ne suis pas d'ici
I'm a stranger here
aïme e stréngeu ʜire

est-ce sur mon chemin ?
is that on the way?
ize Zate one Ze oué?

est-ce que je peux descendre ici ?
can I get off here?
kène aïe guète ofe ʜire?

merci de m'avoir emmené
thanks very much for the lift
thènxe vèri meutche fore Ze lifte

deux allers retours pour ..., s'il vous plaît
two returns to ... please
tou riteurnze tou ... plize

LES TRANSPORTS

à quelle heure part le dernier train pour rentrer ?
what time is the last train back?
ouote taïme ize Ze laste tréne bake?

nous voulons partir demain et revenir après-demain
we want to leave tomorrow and come back the day
after
oui ouonte tou live toumorô ènde keume bake Ze dé afteu

nous reviendrons dans la journée
we're coming back the same day
ouire keumine bake Ze séme dé

c'est bien le quai pour aller à ... ?
is this the right platform for ...?
ize Zisse Ze raïte platforme fore ...?

c'est bien le train pour ... ?
is this train going to ...?
ize Zisse tréne goïne tou ...?

où sommes-nous ?
where are we?
ouère â oui?

où est-ce que je dois descendre pour aller à ... ?
which stop is it for ...?
ouitche stop ize ite fore ...?

est-ce qu'il y a des billets circulaires ?
is there any sort of runabout ticket?
ize Zère éni sorte ove reunabaoute tikète?

est-ce que je peux emporter mon vélo dans le train ?
can I take my bike on the train?
kène aïe téke maï baïke one Ze tréne?

où se trouve la station-service la plus proche ?
where's the nearest petrol station?
ouèrze Ze nirèste pètreule stécheune?

j'ai besoin d'un pneu neuf
I need a new tyre
aïe nide e niou taïeu

LES TRANSPORTS

le moteur chauffe
it's overheating
itse ôveu-ʜitine

les freins ne marchent pas bien
there's something wrong with the brakes
Zèrze seume-thine rone ouiZe Ze bréxe

buffet car	voiture de restauration
calling at . . .	avec arrêts à . . .
do not speak to the driver	interdiction de parler au conducteur
do not use while train is standing in a station	l'usage des WC est interdit durant l'arrêt du train en gare
enquiries	renseignements
exact fare, please	faites l'appoint, s'il vous plaît
excess fare	supplément
for hire (*taxi*)	libre
four-star	super
give way	cédez le passage
insert yellow ticket here	introduisez votre ticket jaune ici
keep your ticket	conservez votre ticket
main line station	grandes lignes
no entry	passage interdit
off-peak	heures creuses
penalty	amende
platform	quai
please stand on the right	restez à droite
press here	appuyez ici
push to open	appuyer/pousser pour ouvrir
season ticket	abonnement
tube	métro
two-star	essence ordinaire
way out	sortie

LE SHOPPING

bon marché	cheap *tchipe*
caisse	cashdesk *cache-dèske*
chèque	cheque *tchèque*
cher	expensive *èxpènsive*
magasin	shop *chope*
payer	pay *pé*
rayon	department *dipartmènte*
reçu	receipt *rissite*
sac	bag *bague*
supermarché	supermarket *soupeumarkète*
vendeur,	shop assistant
vendeuse	*chope assisteune-te*

j'aimerais ...
I'd like ...
aïde laïke ...

avez-vous ... ?
have you got ...?
нève you gote ...?

c'est combien ?
how much is this?
наou meutche ize Zisse?

puis-je regarder ?
can I just have a look around?
kène aïe djèste нève e louk araounde?

l'article en vitrine
the one in the window
Ze ouone ine Ze ouine-dô

vous acceptez les cartes de crédit ?
do you take credit cards ?
dou you téke crèdite-cardze?

33

LE SHOPPING

je peux avoir un reçu ?
could I have a receipt please?
coude aïe Hève *e rissite plize?*

j'aimerais l'essayer
I'd like to try it on
aïde laïke tou traïe ite one

je reviendrai
I'll come back
aïle keume bake

c'est trop grand/ petit
it's too big/ small
itse tou bigue/ smorle

ce n'est pas ce qu'il me faut
it's not what I'm looking for
itse note ouote aïme lou*kine fore*

j'aimerais l'acheter
I'll take it
aïle téke ite

vous pouvez me faire un emballage-cadeau ?
can you gift-wrap it?
kène you gifte-rape ite?

cash point	caisse
clearance sale	soldes, "tout doit disparaître"
delicatessen	épicerie fine
department	rayon
department store	grand magasin
early closing	heure de fermeture avancée
ladies' fashions	vêtements dames
menswear	vêtements messieurs
newsagent	tabac-journaux
off-licence	vins et spiritueux
sale	soldes
seconds	articles comportant des défauts
please take a trolley	caddy obligatoire

EN ANGLETERRE

Douvres	Dover *doveu*
Londres	London *lone-done*
Tamise	Thames *tèmze*
Bard of Avon	nom donné à William Shakespeare, 'bard' veut dire poète en vieil anglais
Cockney	Londonien type (classe-ouvrière)
Covent Garden	quartier très animé du West End de Londres avec des musiciens, des jongleurs etc. ainsi que des cafés
cream teas	goûter avec des gâteaux à la crème, des 'scones' (genre de brioche) et du thé
Home Counties	les départements entourant Londres
Morris dancing	dance folklorique traditionnelle anglaise
north of the Border	l'Ecosse
Trooping of the Colour	défilé traditionnel dans Londres lorsque la reine passe en revue le régiment de la Garde à Cheval et l'infanterie
West End	quartier des grands magasins et des théâtres de Londres

EN IRLANDE – *GAELIQUE IRLANDAIS:*

céilí	*kéli* dance traditionnelle
feis	*fèche* festival de concours musicaux et de chansons
gardaí	*garrdi* police, policiers
garda	*garrdeu* policier
Oifig an Phoist	*éfigueu-fouchte* poste

LA GB ET LES USA

EN ECOSSE

dram	*drrame*	verre de whisky
Edinburgh	*èdine-breu*	Edimbourg
heavy	*hèvi*	bière brune
hen	*hène*	surnom donné aux femmes
Jimmy	*djimi*	surnom donné aux hommes
tattie	*tati*	pomme de terre
wee	*oui*	petit

GAELIQUE ECOSSAIS:

céilidh	*kéli*	fête écossaise où l'on dance et chante
ceud mìle fàilte	*kieude mileu fassetieu*	mille fois la bienvenue

AU PAYS DE GALLES – *GALLOIS:*

canol y dref	*canole-eudrè*	centre ville
eisteddfod	*èsstèzevode*	festival avec concours de musique, de poésie et de théâtre
gwely a brecwast	*gouèli a brèkouaste*	chambre avec petit déjeuner

AUX ETATS-UNIS

USA		GB	
apartment	*eupartmènte*	flat	(appartement)
check	*tchèque*	bill	(addition)
chips	*tchipse*	crisps	(chips)
elevator	*èlèvéteu*	lift	(ascenseur)
first floor	*feuste flore*	ground floor	(rez-de-chaussée)
gas	*gasse*	petrol	(essence)
general delivery	*djèneureule dèlivri*	poste restante	
hood	*houde*	bonnet	(capot de voiture)
movie theater	*mouvi THi-èteu*	cinema	(cinéma)
sidewalk	*saïde-oualke*	pavement	(trottoir)
trunk	*treunke*	boot	(coffre de voiture)

addition	bill *bile*
banque	bank *bane-ke*
bureau de change	bureau de change *bureau de change*
carte de crédit	credit card *crèdite-carde*
chèque	cheque *tchèque*
chèque de voyage	traveller's cheque *traveleuze tchèque*
cher	expensive *èxpènsive*
distributeur de billets	cash dispenser *cache dispènseu*
eurochèque	Eurocheque *iourotchèke*
francs français	French francs *frènche frane-xe*
livres sterling	pounds (sterling) *paoundze (steurline)*
monnaie	change *tchénge*
prix	price *praïsse*
reçu	receipt *rissite*
taux de change	exchange rate *èxtchénge réte*

combien ça coûte ?
how much is it?
наou meutche ize ite?

j'aimerais changer ceci en ...
I'd like to change this into ...
aïde laïke tou tchénge Zisse ine-tou ...

pourriez-vous me donner de la monnaie ?
can you give me something smaller?
kène you guive mi seume-thine smorleu?

est-ce que vous acceptez cette carte de crédit ?
can I use this credit card?
kène aïe iouze Zisse crèdite-carde?

l'addition, s'il vous plaît
can I/we have the bill please?
kène aïe/oui нève Ze bile plize?

L'ARGENT

gardez la monnaie
please keep the change
plize kipe Ze tchénge

est-ce que le service est compris ?
does that include service?
doze Zate ine-cloude seurvisse?

quel sont vos taux ?
what are your rates?
ouote â youre rétse?

je crois qu'il y a une erreur
I think there's a mistake
aïe thine-ke Zèrze e mistéke

je n'ai pas un rond
I'm completely broke
aïme komplitli brôke

L'unité monétaire est la 'pound' *paounde*. Il y a 100 pence *pènse* ou 'p' *pi* dans la 'pound'. Quelques expressions familières pour l'argent:

quid *couide* = pound; **two quid** deux livres
a fiver *e faïveu* = un billet de 5 livres
a tenner *e tèneu* = un billet de 10 livres

bank	banque
buying rate	nous achetons à …
cash	argent liquide
cheque card	carte d'identité bancaire
credit card	carte de crédit
exchange rate	cours de change
foreign currency	devises étrangères
selling rate	nous vendons à …
teller	caisse
travellers' cheque	chèque de voyage
VAT	TVA

LES SORTIES

billet	ticket *tikète*
chanteur, chanteuse	singer *sine-gueu*
cinéma	cinema *cinèma*
concert	concert *cone-seurte*
discothèque	disco *disco*
film	film *film*
groupe	band *bane-de*
musique pop	pop music *pop miousike*
pièce de théâtre	play *plé*
place	seat *site*
soirée	night out *naïte aoute*
sortir	go out *gô aoute*
spectacle	show *chô*
théâtre	theatre *thieuteu*

qu'est-ce que vous faites ce soir ?
what are you doing tonight?
ouate â you douine tounaïte?

veux-tu sortir avec moi ce soir ?
do you want to come out with me tonight?
dou you ouonte tou keume aoute ouiZe mi tounaïte?

qu'est-ce qu'il y a comme spectacles ?
what's on?
ouotse one?

avez-vous un programme des spectacles en ville ?
have you got a programme of what's on in town?
Hève you gote e programe ove ouotse one ine taoune?

quelle est la meilleure discothèque du coin ?
which is the best disco round here?
ouitche ize Ze bèste disco raounde Hire?

allons au cinéma/ théâtre
let's go to the cinema/ theatre
lètse gô tou Ze cinèma/thieuteu

LES SORTIES

je l'ai déjà vu
I've seen it
aïve sine ite

rendez-vous à la gare à 9 heures
I'll meet you at 9 o'clock at the station
aïle mite you ate naïne ôcloke ate Ze stécheune

j'aimerais deux places pour ce soir
can I have two tickets for tonight's performance?
kène aïe Hève tou tikètse fore tounaïtse peurformane-se?

tu veux danser avec moi ?
do you want to dance?
dou you ouonte tou dane-se?

veux-tu danser encore une fois ?
do you want to dance again?
dou you ouonte tou dane-se aguène?

merci, mais je suis avec mon copain
thanks but I'm with my boyfriend
thènxe beute aïme ouiZe maï boïfrènde

allons prendre l'air
let's go out for some fresh air
lètse gô aoute fore seume frèche air

vous me laisserez rentrer quand je reviendrai ?
will you let me back in again later?
ouile you lète mi bake ine aguène léteu?

j'ai rendez-vous avec quelqu'un à l'intérieur
I'm meeting someone inside
aïme mitine seume-oueune insaïde

booking office	guichet des réservations
funfair	foire
next performance	prochaine séance
sold out	complet
starring ...	dans le rôle principal ...
with subtitles	sous-titré

LA PLAGE

bikini	bikini *bikini*
bronzer	tan *tane*
costume de bain	swimming costume *souimine costioume*
(d'homme)	trunks *trone-xe*
huile	suntan oil *seune-tane oïle*
lait solaire	suntan lotion *seune-tane lochone*
mer	sea *si*
nager	swim *souime*
plage	beach *bitche*
plonger	dive *daïve*
sable	sand *sane-de*
se bronzer	sunbathe *seune-béZe*
serviette	towel *taouèle*
vague	wave *ouéve*

allons à la plage
let's go down to the beach
lètse gô daoune tou Ze bitche

elle est bonne ?
what's the water like?
ouotse Ze ouoteu laïke?

elle est bonne
it's beautiful
itse bioutifoule

elle est glacée
it's freezing
itse frizine

tu viens nager ?
are you coming for a swim?
â you keumine fore e souime?

41

LA PLAGE

je ne sais pas nager
I can't swim
aïe cânte souime

il nage comme un poisson
he swims like a fish
ʜi souimze laïke e fiche

tu peux garder mes affaires ?
will you keep an eye on my things for me?
ouile you kipe ène aïe one maï thine-ze fore mi?

l'eau est profonde ?
is it deep here?
ize ite dipe ʜire?

tu peux me passer de l'huile sur le dos ?
could you rub suntan oil on my back?
coude you reube seune-tane oïle one maï bake?

j'adore me faire bronzer
I love sun bathing
aïe leuve seune-béthine

j'ai pris un gros coup de soleil
I'm all sunburnt
aïme orle seune-beurnte

tu es tout mouillé!
you're all wet!
youre orle ouète!

allons au café
let's go up to the café
lètse gô eupe tou Ze café

deckchairs	chaises longues
for hire	à louer
high/low tide	marée haute/basse
keep Britain tidy	garder la Grande-Bretagne propre
no bathing	baignade interdite
prom(enade)	front de mer

PROBLEMES

accident	accident	*axidènte*
ambulance	ambulance	*ame-bioulane-se*
blessé	injured	*ine-djeurde*
cassé	broken	*brôkeune*
en dérangement	out of order	*aoute ove ordeu*
en retard	late	*léte*
incendie	fire	*faïa*
malade	ill	*ile*
médecin	doctor	*docteu*
police	police	*polisse*
pompiers	fire brigade	*faïa briguéde*
urgence	emergency	*imeurdgènsi*

pouvez-vous m'aider ? je me suis perdu
can you help me? I'm lost
kène you Hèlpe mi? aïme loste

j'ai perdu mon passeport
I've lost my passport
aïve loste maï passe-porte

je me suis enfermé dehors
I've locked myself out
aïve lokte maïsèlfe aoute

mes bagages ne sont pas arrivés
my luggage hasn't arrived
maï leuguidge Hézne-te araïvde

je n'arrive pas à l'ouvrir
I can't get it open
aïe cânte guète ite opeune

c'est bloqué
it's jammed
itse djame-de

43

PROBLEMES

je n'ai pas assez d'argent
I don't have enough money
aïe done-te Hève inafe meuni

je suis tombé en panne
I've broken down
aïve brôkeune daoune

est-ce que je peux me servir de votre téléphone ? il s'agit d'une urgence
can I use your telephone please, this is an emergency
kène aïe iouze youre tèlèfône plize, Zisse ize ène imeurdgènsi

au secours !
help!
Hèlpe!

ça ne marche pas
it doesn't work
ite dozne-te oueurke

la lumière ne marche pas dans ma chambre
the lights aren't working in my room
Ze laïtse âne-te oueurkine ine maï roume

l'ascenseur est en panne
the lift is stuck
Ze lifte ize steuke

je ne comprends rien
I can't understand a single word
aïe cânte eune-deurstènde a sine-gueule oueurde

y a-t-il quelqu'un qui sache le français ?
is there anybody here who speaks French?
ize Zère ènibodi Hire Hou spixe frènche?

la chasse d'eau ne marche pas
the toilet won't flush
Ze toïlète ouone-te fleuche

il n'y a pas de bonde pour la baignoire
there's no plug in the bath
Zèrze nô pleugue ine Ze bathe

44

PROBLEMES

il n'y a pas d'eau chaude
there's no hot water
Zèrze nô ноte ouоteu

il n'y a plus de papier hygiénique
there's no toilet paper left
Zèrze nô toïlète pépeu lèfte

je suis désolé, j'ai cassé le/ la ...
I'm afraid I've accidentally broken the ...
aïme èfréde aïve axidèntali brôkeune Ze ...

cet homme me suit depuis un moment
this man has been following me
Zisse mane ноze bine foloïne mi

j'ai été attaqué
I've been mugged
aïve bine meugde

on m'a volé mon sac à main
my handbag has been stolen
maï ноane-dbague ноze bine stôleune

beware ...	attention à ...
break glass in case of fire	briser la vitre en cas d'incendie
do not ...	interdiction de ...
emergency exit	sortie de secours
forbidden	interdit
high voltage	ligne à haute tension
keep clear	ne pas obstruer
keep off the grass	pelouse interdite
keep out	entrée interdite
mind the step	attention à la marche
out of order	en panne
trespassers will be prosecuted	défense d'entrer sous peine de poursuites
warning	avertissement, danger !
999	numéro à composer en cas d'urgence

LA SANTE

brûlure	burn	*beurne*
cassé	broken	*brôkeune*
contraception	contraception	*cone-trasèpcheune*
dentiste	dentist	*dèntiste*
handicapé	disabled	*disébeulde*
hôpital	hospital	*Hospiteule*
infirmière	nurse	*neurse*
malade	ill	*ile*
maladie	disease	*dizize*
médecin	doctor	*dokteu*
pansement	bandage	*bane-didge*
pharmacie	chemist's	*kèmistse*
sang	blood	*bleude*
santé	health	*Hèlthe*

je ne me sens pas bien
I don't feel well
aïe done-te file ouèle

ça empire
it's getting worse
itse guètine oueurse

je me sens mieux
I feel better
aïe file bèteu

j'ai mal au coeur
I feel sick
aïe file sike

j'ai mal ici
I've got a pain here
aïve gote e péne Hire

ça fait mal
it hurts
ite Heurtse

46

LA SANTE

il a beaucoup de fièvre
he's got a high temperature
нize gote e наï tèmpratcheu

pouvez-vous appeler un médecin ?
could you call a doctor?
coude you corle e docteu?

c'est grave ?
is it serious?
ize ite sirieuze?

il faudra l'opérer ?
will he need an operation?
ouile нi nide ène opeurécheune?

je suis diabétique
I'm diabetic
aïme daïabètike

il faut qu'elle reste au chaud
keep her warm
kipe неu ouorme

avez-vous quelque chose contre … ?
have you got anything for …?
нève you gote ènithine fore …?

casualty (dept)	urgences
(dispensing) chemist	pharmacie
first aid	premiers soins
GP	généraliste
pain killer	analgésique
prescription	ordonnance
surgery	cabinet médical
to be taken three times a day/before meals	à prendre trois fois par jour/avant les repas
ward	salle

j'aimerais apprendre à faire de la planche à voile
I want to learn to sailboard
aïe ouonte tou leurne tou sélborde

est-ce que nous pouvons louer un bateau à voile ?
can we hire a sailing boat?
kène oui нaïeu e séline bôte?

est-ce que nous pouvons utiliser le court de tennis ?
can we use the tennis court?
kène oui iouze Ze tènisse corte?

j'aimerais aller à un match de foot
I'd like to go to a football match
aïde laïke tou gô tou e foutbole matche

est-ce qu'il y a un match de rugby aujourd'hui ?
is there a rugby match on today?
ize Zère e reugbi matche one toudé?

est-ce qu'on peut faire de l'équitation ici ?
is it possible to do any horse-riding here?
ize ite possibeule tou dou èni нorse-raïdine нire?

je suis venu faire du golf
I'm here to play golf
aïme нire tou plé golfe

nous allons faire des randonnées
we're going to do some hill-walking
ouire goïne tou dou seume нile-ouôkine

vous pouvez m'apprendre à jouer aux fléchettes ?
can you teach me to play darts?
kène you titche mi tou plé dâtse?

c'est la première fois que j'en fais
this is the first time I've ever tried it
Zisse ize Ze feurste taïme aïve èveu traïde ite

LA POSTE

colis	parcel *parseule*
envoyer	send *sènde*
lettre	letter *lèteu*
poste	post office *poste-ofisse*
poste restante	poste restante *poste restante*
recommandé	recorded delivery *ricordède dèliveuri*
télégramme	telegram *tèlègrame*
timbre	stamp *stame-pe*

quel est le tarif pour envoyer une lettre en France ?
how much is a letter to France?
наou meutche ize e lèteu tou frane-se?

j'aimerais quatre timbres à 18 pence
I'd like four eighteen pence stamps
aïde laïke fore étine pènse stame-pse

**j'aimerais 6 timbres pour des cartes postales à
destination de France**
I'd like six stamps for postcards to France
aïde laïke sixe stame-pse fore pôste-cardze tou frane-se

y a-t-il du courrier pour moi ?
is there any mail for me?
ize Zère èni méle fore mi?

j'attends un colis de ...
I'm expecting a parcel from ...
aïme èxpèctine e parseule frome ...

all other places	autres destinations
mail	courrier
next collection	prochaine levée
postcode	code postal
post office	bureau de poste
registered	recommandé
sender	expéditeur
stamp	timbre

LE TELEPHONE

bottin	telephone directory *tèlèfône daïrèctori*
cabine téléphonique	phone box *fône boxe*
numéro	number *nome-beu*
occupé	engaged *inguédge-de*
opératrice	operator *opeuréteu*
poste (interne)	extension *ixtèncheune*
renseignements	directory enquiries *daïrèctori ine-couaïrize*
téléphone	telephone *tèlèfône*
téléphoner	phone *fône*

y a-t-il un téléphone par ici ?
is there a phone round here?
ize Zère e fône raounde нire?

est-ce que je peux me servir de votre téléphone ?
can I use your phone?
kène aïe iouze youre fône?

j'aimerais téléphoner en France
I'd like to make a phone call to France
aïde laïke tou méke e fône corle tou frane-se

je veux téléphoner en PCV
I want to reverse the charges
aïe ouonte tou rivèrse Ze tchârdgèze

j'aimerais parler à Patricia
could I speak to Patricia?
coude aïe spike tou Patricia?

allô, c'est Pierre
hello, this is Pierre
нèlô, Zisse ize Pierre

est-ce que je peux laisser un message ?
can I leave a message?
kène aïe live e mèssidge?

LE TELEPHONE

vous parlez le français ?
do you speak French?
dou you spike frènche?

qui est à l'appareil ?
who's calling please?
ноuze corline plize?

pourriez-vous répéter cela très très lentement ?
could you say that again very very slowly?
coude you sé Żate aguéne vèri vèri slôli?

pouvez-vous lui dire que Philippe a appelé ?
could you tell him/her Philippe called?
coude you tèle ніme/нeu Philippe colde?

pouvez-vous lui demander de me rappeler ?
could you ask him/her to ring me back?
coude you aske ніme/нeu tou rine mi bake?

je rappellerai
I'll call back later
aïle corle bake léteu

voici mon numéro
my number is ...
maï nome-beu ize ...

776-3211
seven seven six — three two double one
sèveune sèveune sixe-thri tou deubeule ouone

un instant, s'il vous plaît
just a minute please
dgeste e minite plize

il est sorti
he's out
ніze aoute

excusez-moi, je me suis trompé de numéro
sorry, I've got the wrong number
sori, aïve gote Ze rone nome-beu

je vous entends très mal
it's a terrible line
itse e tèribeule laïne

LE TELEPHONE

REPONSES

speaking
spikine
lui-même/ elle-même

hang on
Hèngue one
ne quittez pas

who's calling?
Houze corline?
qui est à l'appareil ?

dial number	composez le numéro
directory enquiries	renseignements
engaged	occupé
follow on call	appuyez ici pour rappeler un numéro en conservant la monnaie dans l'appareil
insert money	introduisez la monnaie
lift handset	décrochez
listen for dialling tone	attendez la tonalité
long distance call	communication interurbaine
phonecard	télécarte
replace handset	raccrochez
999 calls only	appels à Police-secours uniquement

L'ALPHABET

ça s'écrit comment ?
how do you spell it?
Haou dou you spèle ite?

ça s'écrit ...
I'll spell it
aïle spèle ite

a *é*	**f** *èfe*	**k** *ké*	**p** *pi*	**u** *you* **z** *zède*
b *bi*	**g** *dgi*	**l** *èle*	**q** *kiou*	**v** *vi*
c *si*	**h** *étche*	**m** *ème*	**r** *âre*	**w** *deubeule you*
d *di*	**i** *aïe*	**n** *ène*	**s** *èsse*	**x** *èxe*
e *i*	**j** *dgé*	**o** *ô*	**t** *ti*	**y** *ouaï*

LES CHIFFRES, LA DATE ET L'HEURE

0	zero *zirô*
1	one *ouone*
2	two *tou*
3	three *thri*
4	four *fore*
5	five *faïve*
6	six *sixe*
7	seven *sèveune*
8	eight *éte*
9	nine *naïne*
10	ten *tène*
11	eleven *ilèveune*
12	twelve *touèlve*
13	thirteen *theutine*
14	fourteen *fortine*
15	fifteen *fiftine*
16	sixteen *sixe-tine*
17	seventeen *sèveune-tine*
18	eighteen *étine*
19	nineteen *naïne-tine*
20	twenty *touènti*
21	twenty-one *touènti-ouone*
22	twenty-two *touènti-tou*
30	thirty *theuti*
35	thirty-five *theuti-faïve*
40	forty *forti*
50	fifty *fifti*
60	sixty *sixe-ti*
70	seventy *sèveune-ti*
80	eighty *éti*
90	ninety *naïne-ti*
100	a hundred *e Hone-drède*
101	a hundred and one *e Hone-drède ènde ouone*

LES CHIFFRES, LA DATE ET L'HEURE

200	two hundred	*tou ʜone-drède*
1 000	a thousand	*e thaouzeunde*
2 000	two thousand	*tou thaouzeunde*
1 000 000	a million	*e mile-ione*
première	first	*feurste*
deuxième	second	*sèkeunde*
troisième	third	*theurde*
quatrième	fourth	*fore-th*
cinquième	fifth	*fife-th*
sixième	sixth	*sixe-th*
septième	seventh	*sèveun-th*
huitième	eighth	*ét-th*
neuvième	ninth	*naïne-th*
dixième	tenth	*tène-th*
vingtième	twentieth	*touène-tieuth*
vingt et unième	twenty-first	*touènti-feurste*

quel jour sommes-nous ?
what's the date?
ouotse Ze déte?

nous sommes le 12 janvier 1994
it's the twelfth of January 1994
itse Ze touèlfe-the ove djane-youèri naïne-tine-naïne-ti-fore

quelle heure est-il ?
what time is it?
ouote taïme ize ite?

il est midi/ minuit
it's midday/ midnight
itse mide-dé/ mide-naïte

il est une heure/ trois heures
it's one/ three o'clock
itse ouone/ thri ôcloke

il est trois heures vingt/ moins vingt
it's twenty past three/ twenty to three
itse touènti paste thri/ touènti tou thri

LES CHIFFRES, LA DATE ET L'HEURE

il est huit heures et demie
it's half past eight
itse hafe paste éte

il est cinq heures et quart/ moins le quart
it's a quarter past/ a quarter to five
itse e couoteu paste/ e couoteu tou faïve

il est six heures du matin/ soir
it's six a.m./ p.m.
itse sixe é ème/ pi ème

à quatorze/ dix-sept heures
at two/ five p.m.
ète tou/ faïve pi ème

A

à: à la gare at the station; **à Londres** in London; **je vais à Paris/ la gare** I'm going to Paris/ the station; **à 3 heures** at 3 o'clock; **à demain** see you tomorrow; **à la vôtre !** cheers!
abeille f bee
abricot m apricot
accélérateur m accelerator
accent m accent
accepter accept
accident m accident
accompagner accompany
acheter buy
acide sour
adaptateur m adaptor
addition f bill
adolescent m teenager
adresse f address
adulte m/f adult
aéroport m airport
affaires fpl (commerce) business
affiche f poster
affreux awful
after-shave m aftershave
âge m age; **quel âge avez-vous ?** how old are you?
agence f agency
agence de voyages f travel agent's
agenda m diary
agent de police m policeman

agneau m lamb
agrandissement m enlargement
agréable pleasant
agressif aggressive
agriculteur m farmer
aide f help
aider help
aiguille f needle
ail m garlic
aile f wing
ailleurs elsewhere
aimable kind
aimer like; (d'amour) love; **j'aimerais** I would like
air m air; **avoir l'air** look
alarme f alarm
alcool m alcohol
algues fpl seaweed
allaiter breastfeed
Allemagne f Germany
allemand German
aller go; **il va bien/ mal** he's well/ not well; **allez-vous-en !** go away!; **le bleu me va bien** blue suits me
allergique à allergic to
aller retour m return ticket
aller simple m single ticket
allumage m ignition
allumer (feu) light; (lumière) switch on
allumette f match
alors then; **alors !** well
alternateur m alternator
ambassade f embassy
ambulance f ambulance

améliorer improve
amende f fine
amer bitter
américain American
Amérique f America
ami m, **amie** f friend; **petit ami** boyfriend; **petite amie** girlfriend
amortisseur m shock-absorber
amour m love; **faire l'amour** make love
ampoule f (*électrique*) light bulb; (*au pied*) blister
amuser: s'amuser have fun
an m year; **j'ai 25 ans** I'm 25 years old
analgésique m painkiller
ananas m pineapple
ancêtre m ancestor
ancien ancient
ancre f anchor
âne m donkey
angine f tonsillitis
angine de poitrine f angina
anglais English
Anglais m, **Anglaise** f Englishman, f English woman; **les Anglais** the English
Angleterre f England
animal m animal
année f year; **bonne année !** happy New Year!
anniversaire m birthday; **bon anniversaire !** happy birthday!
anniversaire de mariage m wedding anniversary
annuaire m phone book
annuler cancel
anorak m anorak
antibiotique m antibiotic

antigel m antifreeze
antihistaminique m antihistamine
anti-insecte: la crème anti-insecte insect repellent
antiquaire m (*magasin*) antique shop
août August
apéritif m aperitif
appareil m device
appareil-photo m camera
appartement m flat
appartenir belong to
appeler call; **comment vous appelez-vous ?** what's your name?; **je m'appelle Jean** my name is Jean
appendicite f appendicitis
appétit m appetite; **bon appétit !** enjoy your meal!
apporter bring
apprendre learn
après after
après-demain the day after tomorrow
après-midi m afternoon
arabe Arabic
araignée f spider
arbre m tree
arc-en-ciel m rainbow
archéologie f archaeology
arête f fishbone
argent m (*pour payer*) money; (*métal*) silver
armoire f cupboard
arôme m flavour
arrêt m stop
arrêt d'autobus m bus stop
arrêter (*coupable*) arrest; **s'arrêter** stop; **arrêtez !** stop!
arrière m back
arrière: la roue/ le siège arrière the back wheel/ seat

arrivée f arrival
arriver arrive; (*se passer*) happen
art m art
artificiel artificial
artisanat m crafts
artiste m/f artist
ascenseur m lift
asperges fpl asparagus
aspirateur m hoover (*R*)
aspirine f aspirin
asseoir: s'asseoir sit down
assez (de) enough; (*plutôt*) quite
assiette f plate
assurance f insurance
asthme m asthma
astucieux clever
Atlantique m Atlantic
attaque f attack; (*cardiaque*) stroke
attendre wait; **attendez-moi !** wait for me!
attention ! look out!; **faites attention !** be careful!
atterrir land
attraper catch
auberge de jeunesse f youth hostel
aubergine f aubergine
au-dessus de above
audiophone m hearing aid
aujourd'hui today
au revoir goodbye
au secours ! help!
aussi also; **moi aussi** me too; **aussi beau que** as beautiful as
Australie f Australia
authentique genuine
autobus m bus
automatique automatic
automne m autumn

automobile f car
automobiliste m/f car driver
autoroute f motorway
autre other; **un/ une autre** another; **autre chose** something else
Autriche f Austria
avaler swallow
avance: d'avance in advance; **en avance** early
avant before
avant m front
avant-hier the day before yesterday
avec with
averse f shower
aveugle blind
avion m plane; **par avion** by air
avocat m lawyer
avoir have (*voir grammaire*)
avril April

baby-sitter m/f baby-sitter
bac m (*bateau*) ferry
bagages mpl luggage; **bagages à main** hand luggage; **faire ses bagages** pack
bagarre f fight
bague f ring
baigner: se baigner go swimming
baignoire f bathtub
bain m bath
baiser m kiss
balai m broom
balcon m balcony

balle f ball
ballon m ball
banane f banana
bande magnétique f tape
banlieue f suburbs
banque f bank
bar m bar
barbe f beard
barbecue m barbecue
barman m barman
barrière f fence
bas low
bas mpl stockings
bateau m boat
bateau à rames m rowing boat
bateau à vapeur m steamer
bateau à voile m sailing boat
bâtiment m building
batterie f battery
battre: se battre fight
baume après-shampoing m conditioner
beau beautiful; **il fait beau** the weather is good
beaucoup a lot; **beaucoup de sucre** a lot of sugar; **beaucoup de gens/ pays** many people/ countries
beau-fils m son-in-law
beau-père m (*père du conjoint*) father-in-law
bébé m baby
beige beige
belge Belgian
Belgique f Belgium
belle-fille f daughter-in-law
belle-mère f (*mère du conjoint*) mother-in-law
béquilles fpl crutches
besoin: j'ai besoin de ... I need ...
beurre m butter

bibliothèque f library
bicyclette f bicycle
bien well; **très bien !** good!
bien que although
bien sûr of course
bientôt soon
bienvenue ! welcome!
bière f beer
bijouterie f jeweller's
bijoux mpl jewellery
bikini m bikini
billet m ticket
billet de banque m banknote
bizarre strange
blaireau m (*pour se raser*) shaving brush
blanc white
blanchisserie f laundry
blessé injured
blessure f wound
bleu (*adjectif*) blue; (*steak*) rare
bleu m (*sur la peau*) bruise
blond blond
boeuf m (*viande*) beef
boire drink
bois m wood
boisson f drink
boîte f box; (*de conserve*) can
boîte à lettres f letterbox
boîte de nuit f nightclub
boîte de vitesses f gearbox
bol m bowl
bombe f bomb
bon good
bonbon m sweet
bonde f plug
bondé crowded
bonjour hello
bon marché cheap
bonnet de bain m bathing cap
bonsoir good evening

bord *m* edge; **au bord de la mer** at the seaside
botte *f* boot
bottes de caoutchouc *fpl* wellingtons
bottin *m* telephone directory
bouche *f* mouth
bouché blocked
boucherie *f* butcher's
boucles d'oreille *fpl* earrings
bouée *f* buoy
bouger move
bougie *f* candle; (*de voiture*) spark plug
bouillir boil
bouillotte *f* hot-water bottle
boulangerie *f* baker's
boussole *f* compass
bouteille *f* bottle
boutique hors taxes *f* duty-free shop
bouton *m* (*de vêtement*) button; (*sur la peau*) spot
bracelet *m* bracelet
bras *m* arm
brique *f* brick
briquet *m* lighter
britannique British
broche *f*(*bijou*) brooch
bronzage *m* suntan
bronzer tan; **se bronzer** sunbathe
brosse *f* brush
brosse à dents *f* toothbrush
brouillard *m* fog
bruit *m* noise
brûler burn
brûlure *f* burn
brun brown
brushing *m* blow-dry
bruyant noisy
bureau *m* office
butagaz *m* Calor gas (R)

ça it (*voir grammaire*); **ça va ?** how are things?; **ça va** I'm OK
cabas *m* shopping bag
cabine *f* cabin
cabine téléphonique *f* phone box
cacahuètes *fpl* peanuts
cacao *m* cocoa
cacher hide
cadeau *m* present
cafard *m* (*insecte*) cockroach; **j'ai le cafard** I feel a bit down
café *m* (*boisson*) coffee; (*bistrot*) café; **café crème** white coffee; **café soluble** instant coffee
caféine *f*: **sans caféine** decaffeinated
cahier *m* notebook
caisse *f* cash desk
calculette *f* calculator
calendrier *m* calendar
calmer: se calmer calm down
caméra *f* camera
camion *m* lorry
camionnette *f* van
campagne *f* countryside
camping *m* (*activité*) camping; (*terrain*) campsite
Canada *m* Canada
canadien Canadian
canal *m* canal
canard *m* duck
canif *m* penknife
canoë *m* canoe
caoutchouc *m* rubber
capitaine *m* captain

FRANÇAIS-ANGLAIS

capot *m* bonnet
car *m* coach
caravane *f* caravan
carburateur *m* carburettor
carnet d'adresses *m* address book
carotte *f* carrot
carte *f* (*à jouer*) card; (*géographique*) map; (*des mets*) menu
carte de crédit *f* credit card
carte d'embarquement *f* boarding pass
carte des vins *f* wine list
carte de visite *f* card
carte d'identité *f* ID card
carte d'identité bancaire *f* cheque card
carte postale *f* postcard
carton *m* (*boîte*) box; (*matière*) cardboard
cascade *f* waterfall
casquette *f* cap
cassé broken
casse-croûte *m* snack
casser break
casserole *f* saucepan
cassette *f* cassette
cathédrale *f* cathedral
catholique Catholic
cauchemar *m* nightmare
cause *f* cause; **à cause de** because of
ce this
ceci this
ceinture *f* belt
ceinture de sécurité *f* seat belt
cela that
célèbre famous
célibataire single
célibataire *m* bachelor
celui-ci, celle-ci this one

celui-là, celle-là that one
cendrier *m* ashtray
centigrade centigrade
centre *m* centre
centre commercial *m* shopping centre
centre-ville *m* city centre
cerise *f* cherry
certificat *m* certificate
ces these
c'est it is
cette this
ceux-ci these
ceux-là those
chaîne *f* chain
chaise *f* chair
chaise longue *f* deck chair
chaleur *f* heat
chambre *f* room; **chambre pour une personne/ deux personnes** single/ double room
chambre à air *f* inner tube
chambre à coucher *f* bedroom
champ *m* field
champignons *mpl* mushrooms
chance *f* luck; **bonne chance !** good luck!
changer change; **se changer** change; **changer de train** change trains
chanson *f* song
chanter sing
chapeau *m* hat
chaque each
chariot *m* trolley
charter *m* charter flight
chat *m* cat
château *m* castle
chaud hot
chauffage *m* heating

chauffage central *m* central heating

chaussettes *fpl* socks

chaussures *fpl* shoes

chaussures de ski *fpl* ski boots

chauve bald

chemin *m* path

chemin de fer *m* railway

chemise *f* shirt

chemise de nuit *f* nightdress

chemisier *m* blouse

chèque *m* cheque

chèque de voyage *m* traveller's cheque

chéquier *m* cheque book

cher (*aimé*) dear; (*coûteux*) expensive

chercher look for

cheval *m* horse

cheveux *mpl* hair

cheville *f* ankle

chèvre *f* goat

chewing-gum *m* chewing gum

chez: chez Betty at Betty's

chien *m* dog

chips *fpl* crisps

choc *m* shock

chocolat *m* chocolate; **chocolat au lait/ à croquer** milk/ plain chocolate; **chocolat chaud** hot chocolate

choisir choose

chômage *m*: **au chômage** unemployed

chose *f* thing

chou *m* cabbage

chou à la crème *m* cream puff

chou-fleur *m* cauliflower

choux de Bruxelles *mpl* Brussels sprouts

cidre *m* cider

ciel *m* sky

cigare *m* cigar

cigarette *f* cigarette

cimetière *m* cemetery

cinéma *m* cinema

cintre *m* coathanger

cirage *m* shoe polish

circulation *f* traffic

ciseaux *mpl* scissors

citron *m* lemon

clair clear; **bleu clair** light blue

classe *f* class

clé *f* key

clé anglaise *f* wrench

clignotant *m* indicator

climat *m* climate

climatisation *f* air-conditioning

climatisé air-conditioned

cloche *f* bell

clou *m* nail

club *m* club

cochon *m* pig

cocktail *m* cocktail

code de la route *m* highway code

cœur *m* heart

coffre *m* (*de voiture*) boot

cognac *m* brandy

coiffeur *m*, **coiffeuse** *f* hairdresser

coin *m* corner

coincé stuck

col *m* (*de vêtement*) collar; (*de montagne*) pass

colis *m* parcel

collants *mpl* tights

colle *f* glue

collection *f* collection

collier *m* necklace

colline *f* hill

collision f crash

combien ? (*nombre*) how many?; (*quantité*) how much?

commander order

comme (*de la même manière que*) like; (*parce que*) as; **comme ci comme ça** so-so

commencer begin

comment ? how?; (*pardon ?*) pardon?

commissariat m police station

compagnie aérienne f airline

compartiment m compartment

complet m suit

compliment m compliment

compliqué complicated

comprendre understand

comprimé m tablet

compris (*inclus*) included; **tout compris** all inclusive

comptant: payer comptant pay cash

compteur m (*de voiture*) speedometer

concert m concert

concessionnaire m agent

concombre m cucumber

conducteur m driver

conduire drive

confirmer confirm

confiture f jam; **confiture d'orange** f marmalade

confortable comfortable

congélateur m freezer

connaître know

conseiller advise

consigne f left luggage

constipé constipated

consulat m consulate

contacter contact

content pleased

contraceptif m contraceptive

contractuel m traffic warden

contraire m opposite

contre against

coqueluche f whooping cough

coquetier m egg cup

coquillage m shell

corde f rope

cordonnier m cobbler

cornemuse f bagpipes

corps m body

correct correct

correspondance f (*de trains*) connection

corridor m corridor

côte f (*rive*) coast; (*de corps*) rib

côté m side; **à côté de** next to

côtelette f chop

coton m cotton

coton hydrophile m cotton wool

cou m neck

couche f (*de bébé*) nappy

coucher: aller se coucher go to bed

coucher de soleil m sunset

couchette f couchette

coude m elbow

coudre sew

couler (*bateau*) sink

couleur f colour

coup blow; **tout à coup** suddenly

coup de soleil m sunburn

coupe de cheveux f haircut

coupe-ongles m nail clippers

couper cut

coupure de courant f power cut

courageux brave

courant d'air *m* draught

courir run

courrier *m* mail

courroie du ventilateur *f* fan belt

cours du change *m* exchange rate

court short

cousin *m*, **cousine** *f* cousin

couteau *m* knife

coûter cost

coutume *f* custom

couvercle *m* lid

couverts *mpl* cutlery

couverture *f* blanket

crabe *m* crab

crampe *f* cramp

crâne *m* skull

cravate *f* tie

crayon *m* pencil

crème *f* cream

crème *m* white coffee

crème Chantilly *f* whipped cream

crème de beauté *f* cold cream

crème démaquillante *f* cleansing cream

crème hydratante *f* moisturizer

crêpe *f* pancake

crevaison *f* puncture

crevette *f* prawn

cric *m* jack

crier scream

crise cardiaque *f* heart attack

croire believe

croisement *m* junction

croisière *f* cruise

cru raw

crustacés *mpl* shellfish

cuiller *f* spoon

cuir *m* leather

cuire cook; (*gâteau*) bake

cuisine *f* kitchen

cuisinier *m* cook

cuisinière *f* (*appareil*) cooker

cuit: trop cuit overdone; **mal cuit** underdone; **bien cuit** well done

curry *m* curry

cyclisme *m* cycling

cycliste *m/f* cyclist

d'abord first

d'accord OK; **je suis d'accord** I agree

daim *m* suede

dame *f* lady

danger *m* danger

dangereux dangerous

dans in

danser dance

date *f* date

de (*appartenance*) of; **le nez de Cleo** Cleo's nose; **la voiture des propriétaires** the owners' car; **de Plymouth à Inverness** from Plymouth to Inverness; **du vin/ de la farine/ des biscuits** (some) wine/ flour/ biscuits; **avez-vous du beurre/ des bananes?** have you got any butter/ bananas?

début *m* beginning

débutant *m* beginner

décembre December

décider decide

décoller take off

déçu disappointed

défaire: défaire sa valise unpack

défectueux faulty

défendu forbidden

dégoûtant disgusting

dehors outside; **dehors !** get out!

déjà already

déjeuner m lunch

delco m distributor

délicieux delicious

demain tomorrow

demander ask

démangeaison f itch

démaquillant m skin cleanser

demi: un demi-litre/ une demi-journée half a litre/ day; **une demi-heure** half an hour

demi-pension f half board

dent f tooth, pl teeth

dentier m dentures

dentifrice m toothpaste

dentiste m dentist

déodorant m deodorant

départ m departure

dépêcher: se dépêcher hurry; **dépêchez-vous !** hurry up!

dépendre: ça dépend it depends

dépenser spend

dépliant m leaflet

dépression f nervous breakdown

déprimé depressed

depuis (que) since

déranger disturb; **ça vous dérange si . . . ?** do you mind if . . . ?

déraper skid

dernier last; **l'année dernière** last year

derrière m (du corps) bottom

derrière behind

des (voir DE)

désagréable unpleasant

désastre m disaster

descendre go down; (de véhicule) get off

désinfectant m disinfectant

désolé: je suis désolé I'm sorry

dessert m dessert

dessous underneath

détendre: se détendre relax

détester hate

devant in front of

développer develop

devenir become

devoir: je dois/ il doit I/ he must

diabétique diabetic

dialecte m dialect

diamant m diamond

diapositive f slide

diarrhée f diarrhoea

dictionnaire m dictionary

Dieu m God

différent different

difficile difficult

dimanche Sunday

dinde f turkey

dîner m dinner

dîner have dinner

dire say

direct direct

direction f direction; (de voiture) steering

discothèque f disco

disparaître disappear

disquaire m record shop

disque m record

disque compact m compact disc

FRANÇAIS-ANGLAIS

dissolvant *m* nail-polish remover
distance *f* distance
distribanque *m* cash dispenser
divorcé divorced
docteur *m* doctor
document *m* document
doigt *m* finger
dommage: c'est dommage it's a pity
donner give
dont whose
dormir sleep
dos *m* back
douane *f* customs
double double
doubler (*en voiture*) overtake
douche *f* shower
douleur *f* pain
douloureux painful
doux (*au toucher*) soft; (*au goût*) sweet
drap *m* sheet; **les draps de lit** bed linen
drapeau *m* flag
drogue *f* drug
droit straight; **tout droit** straight ahead
droite *f* right; **à droite (de)** on the right (of)
drôle funny
du (*voir DE*)
dunes *fpl* sand dunes
dur hard
duvet *m* quilt

eau *f* water; **eau potable** drinking water

eau de Javel *f* bleach
eau de toilette *f* eau de toilette
eau minérale *f* mineral water
échanger exchange
écharpe *f* scarf
échelle *f* ladder
école *f* school
école de langues *f* language school
écossais Scottish
Ecosse *f* Scotland
écouter listen (to)
écrire write
écrou *m* nut
église *f* church
élastique *m* rubber band
élastique elastic
électricité *f* electricity
électrique electric
électrophone *m* record player
elle she; her (*voir grammaire*)
elles they; them (*voir grammaire*)
emballer wrap
embouteillage *m* traffic jam
embranchement *m* fork
embrasser kiss
embrayage *m* clutch
emmener (*en voiture*) give a lift to
emporter take
emprunter borrow
en: en France/ 1945/ anglais in France/ 1945/ English; **je vais en France** I'm going to France; **en voiture** by car
en bas (*dans maison*) downstairs
en haut (*dans maison*) upstairs
enceinte pregnant
enchanté ! pleased to meet you!

FRANÇAIS-ANGLAIS

encore (*de nouveau*) again;
(*toujours*) still; **encore une
bière** another beer; **encore
plus beau** even more
beautiful; **pas encore** not
yet
endommager damage
endormi asleep
en face de opposite
enfant *m* child, *pl* children
enfin at last
enflé swollen
enlever take away
ennuyeux (*désagréable*)
annoying; (*lassant*) boring
**enregistrement des
bagages** *m* check-in
enrhumé: je suis enrhumé
I've got a cold
enseignant *m* teacher
enseigner teach
ensemble together
ensoleillé sunny
ensuite afterwards
entendre hear
enterrement *m* funeral
entier whole
entonnoir *m* funnel
entre between
entrée *f* entrance; (*de repas*)
starter
entremets *m* dessert
entrer go in; **entrez !** come
in!
enveloppe *f* envelope
envie *f:* **j'ai envie de** I feel like
environ about
envoyer send
épais thick
épaule *f* shoulder
épice *f* spice
épicerie *f* grocer's
épileptique epileptic

épinards *mpl* spinach
épingle *f* pin
épingle de nourrice *f* safety
pin
épouse *f* wife
épouvantable terrible
équipage *m* crew
équipe *f* team
équitation *f* horse riding
erreur *f* mistake
escalier *m* stairs
escargot *m* snail
Espagne *f* Spain
espagnol Spanish
espérer hope
esquimau *m* (*glacé*) ice lolly
essayer try; (*vêtement*) try on
essence *f* petrol
essieu *m* axle
essuie-glace *m* windscreen
wiper
est *m* east; **à l'est de** east of
estomac *m* stomach
et and
étage *m* floor
étang *m* pond
état *m* state
Etats-Unis *mpl* United States
été *m* summer
éteindre switch off
étendre: s'étendre stretch; (*se
reposer*) lie down
éternuer sneeze
étiquette *f* label
étoile *f* star
étonnant astonishing
étranger *m* (*personne*)
foreigner; **à l'étranger**
abroad
étranger foreign
être (*verbe*) be (*voir grammaire*)
étroit narrow; (*vêtement*)
tight

étudiant *m*, **étudiante** *f* student
eurochèque *m* Eurocheque
Europe *f* Europe
européen European
eux them (*voir grammaire*)
évanouir: s'évanouir faint
évident obvious
évier *m* sink
exagérer exaggerate
excédent de bagages *m* excess baggage
excellent excellent
excursion *f* trip
excuser: s'excuser apologize; **excusez-moi** sorry
exemple *m* example; **par exemple** for example
exiger demand
expliquer explain
exposition *f* exhibition
exprès (*délibérément*) deliberately; **par exprès** special delivery
extincteur *m* fire extinguisher
eye-liner *m* eyeliner

fâché angry
facile easy
facteur *m* postman
faible weak
faim *f*: **j'ai faim** I'm hungry
faire do; (*préparer*) make; **ça ne fait rien** it doesn't matter
falaise *f* cliff
falloir: il faut que je/ vous ... I/ you must ...
famille *f* family
farine *f* flour

fatigué tired
fauché: je suis fauché I'm broke
faute *f*: **c'est de ma faute** it's my fault
fauteuil roulant *m* wheelchair
faux wrong
félicitations ! congratulations!
féministe feminist
femme *f* woman; (*épouse*) wife
femme de chambre *f* chambermaid
fenêtre *f* window
fer *m* iron
fer à repasser *m* iron
ferme *f* farm
fermé closed
fermer close; **fermer à clé** lock
fermeture éclair *f* zip
ferry-boat *m* ferry
fête *f* party
feu *m* fire; **vous avez du feu ?** have you got a light?
feuille *f* leaf
feux arrière *mpl* rear lights
feux d'artifice *mpl* fireworks
feux de position *mpl* sidelights
feux de signalisation *mpl* traffic lights
février February
fiancé *m*, **fiancée** *f* fiancé, fiancée
fiancé engaged
ficelle *f* string
fier proud
fièvre *f* fever
fil *m* thread
fil de fer *m* wire

filet *m* (*viande*) fillet
fille *f* girl; (*de parents*) daughter
film *m* film
fils *m* son
filtre *m* filter
fin *f* end
fin (*adjectif*) fine
finir finish
flash *m* flash
fleur *f* flower
fleuriste *m* florist's
flirter flirt
foie *m* liver
foire *f* fair
fois *f* time; **une fois** once
fond *m* bottom; **au fond de** at the bottom of
fond de teint *m* foundation cream
fontaine *f* fountain
football *m* football
forêt *f* forest
forme *f*: **en forme** fit
formulaire *m* form
fort strong; (*son*) loud
fou mad
foulard *m* scarf
foule *f* crowd
fouler: je me suis foulé la cheville I've sprained my ankle
four *m* oven
fourchette *f* fork
fourmi *f* ant
fracture *f* fracture
frais fresh
fraise *f* strawberry
framboise *f* raspberry
français French
Français Frenchman; **une Française** a French woman; **les Français** the French

France *f* France
frapper hit
frein *m* brake
frein à main *m* handbrake
freiner brake
frère *m* brother
frigo *m* fridge
frire fry
frites *fpl* chips
froid cold
fromage *m* cheese
front *m* forehead
frontière *f* border
fruits *mpl* fruit
fruits de mer *mpl* seafood
fuite *f* (*de tuyau*) leak
fumée *f* smoke
fumer smoke
fumeurs (*compartiment*) smoking
furieux furious
fusible *m* fuse
fusil *m* gun
futur *m* future

G

gagner win; (*salaire etc.*) earn
galerie *f* (*de voiture*) roof rack
gallois Welsh
gants *mpl* gloves
garage *m* garage
garantie *f* guarantee
garçon *m* (*enfant*) boy; (*serveur*) waiter
garder keep
gare *f* station
garer: se garer park
gare routière *f* bus station
gas-oil *m* diesel

gâteau *m* cake; **petit gâteau**
  biscuit
gauche *f* left; **à gauche (de)**
  on the left (of)
gaucher left-handed
gaz *m* gas
gazeux fizzy
gel *m* frost
gênant embarrassing
genou *m* knee
gens *mpl* people
gibier *m* game
gilet *m* cardigan
gin *m* gin
gin-tonic *m* gin and tonic
glace *f* (*eau gelée*) ice; (*à
  manger*) ice cream
glaçon *m* ice cube
glissant slippery
golf *m* golf
gomme *f* rubber
gorge *f* throat
goût *m* taste
goûter taste
goûter *m* tea
goutte *f* drop
gouvernement *m*
  government
grammaire *f* grammar
grand large; (*haut*) tall
Grande-Bretagne *f* Great
  Britain
grand magasin *m*
  department store
grand-mère *f* grandmother
grand-père *m* grandfather
gras *m* fat
gras greasy
gratuit free
grec Greek
Grèce *f* Greece
grêle *f* hail
grillé grilled

grippe *f* flu
gris grey
gros big; (*personne*) fat
grossier rude
grotte *f* cave
groupe *m* group
groupe sanguin *m* blood
  group
guêpe *f* wasp
guerre *f* war
gueule de bois *f* hangover
guichet *m* ticket office;
  (*théâtre*) box office
guide *m* guide
guide de conversation *m*
  phrase book
guitare *f* guitar

H

habiller dress; **s'habiller**
  dress
habiter live
habitude *f* habit;
  d'habitude usually
habituel usual
hache *f* axe
hamburger *m* hamburger
hanche *f* hip
handicapé disabled
haricots *mpl* beans; **haricots
  verts** green beans
hasard *m*: **par hasard** by
  chance
haut high
hélicoptère *m* helicopter
hémorroïdes *fpl* piles
herbe *f* grass; **des fines
  herbes** herbs
heure *f* hour; **quelle heure
  est-il ?** what time is it?; **à**

FRANÇAIS-ANGLAIS

l'heure on time
heureusement fortunately
heureux happy
hier yesterday
histoire f (*passé*) history;
  (*racontée*) story
hiver m winter
hobby m hobby
hollandais Dutch
Hollande f Holland
homard m lobster
homme m man
homosexuel gay
honnête honest
honteux ashamed
hôpital m hospital
hoquet m hiccups
horaire m timetable
horloge f clock
horrible horrible
hors-bord m motorboat
hors taxes duty-free
hospitalité f hospitality
hôtel m hotel
hôtesse de l'air f air hostess
huile f oil
huile d'olive f olive oil
huile solaire f suntan oil
huître f oyster
humeur f mood
humide damp
humour m humour

ici here
idée f idea
idiot m idiot
il he; **il y a trois jours** three
  days ago
île f island

ils they
immédiatement immediately
imperméable m raincoat
important important
impossible impossible
imprimé m printed matter
incroyable incredible
indépendant independent
indicatif m (*téléphonique*)
  dialling code
indigestion f indigestion
industrie f industry
infection f infection
infirmière f nurse
innocent innocent
insecte m insect
insolation f sunstroke
insomnie f insomnia
instrument de musique m
  musical instrument
insupportable obnoxious
intelligent intelligent
interdit prohibited
intéressant interesting
intérieur m: **à l'intérieur**
  inside
interrupteur m switch
intoxication alimentaire f
  food poisoning
invitation f invitation
invité m guest
inviter invite
irlandais Irish
Irlande f Ireland
Irlande du Nord f Northern
  Ireland
Italie f Italy
italien Italian
itinéraire m route
ivre drunk

jaloux jealous
jamais never; **avez-vous jamais ... ?** have you ever ...?
jambe f leg
jambon m ham
janvier January
jardin m garden
jauge f gauge
jaune yellow
jazz m jazz
je I
jean m jeans
jeter throw; (*à la poubelle*) throw away
jeu m game
jeudi Thursday
jeune young
jogging m jogging; **je fais du jogging** I go jogging
joli pretty
jouer play
jouet m toy
jour m day
jour férié m public holiday
journal m newspaper
journée f day
juif Jewish
juillet July
juin June
jumeaux mpl twins
jupe f skirt
jus m juice
jusqu'à (ce que) until
juste (*équitable*) fair; (*exact*) right

kilo m kilo
kilomètre m kilometre
klaxon m horn
kleenex mpl (R) tissues
K-way m (R) cagoule

la (*article*) the; (*pronom*) her, it (*voir grammaire*)
là there
là-bas over there; (*en bas*) down there
lac m lake
lacets mpl shoe laces
là-haut up there
laid ugly
laine f wool
laisser let; (*abandonner*) leave
lait m milk
lait solaire m suntan lotion
laitue f lettuce
lame de rasoir f razor blade
lampe f lamp
lampe de poche f torch
lancer throw
landau m pram
langouste f crayfish
langoustine f crayfish
langue f (*dans bouche*) tongue; (*parlée*) language
lapin m rabbit
laque f hair spray
lard m bacon
large wide
lavabo m washbasin

laver wash; **se laver** wash
lavomatic *m* launderette
laxatif *m* laxative
le (*article*) the; (*pronom*) him, it (*voir grammaire*)
leçon *f* lesson
lecteur de cassettes *m* cassette player
léger light
légumes *mpl* vegetables
lent slow
lentement slowly
lentilles de contact *fpl* contact lenses
lentilles dures *fpl* hard lenses
lentilles semi-rigides *fpl* gas-permeable lenses
lentilles souples *fpl* soft lenses
les (*article*) the; (*pronom*) them (*voir grammaire*)
lessive *f* (*en poudre*) washing powder; **faire la lessive** do the washing
lettre *f* letter
leur (*possessif*) their; (*pronom*) them; **le/la leur** theirs (*voir grammaire*)
lever: se lever get up
levier de vitesses *m* gear lever
lèvre *f* lip
librairie *f* bookshop
libre free
lime à ongles *f* nailfile
limitation de vitesse *f* speed limit
limonade *f* lemonade
linge sale *m* laundry
liqueur *f* liqueur
lire read
liste *f* list
lit *m* bed; **lit pour une**

personne/ deux personnes single/ double bed
lit de camp *m* campbed
lit d'enfant *m* cot
litre *m* litre
lits superposés *mpl* bunk beds
living *m* living room
livre *f* pound
livre *m* book
location de voitures *f* car rental
locomotive *f* engine
logement *m* accommodation
loger stay
loi *f* law
loin far; **plus loin** further
Londres London
long long
longtemps a long time
longueur *f* length
lorsque when
louer rent; **à louer** to rent
lourd heavy; (*nourriture*) rich
loyer *m* rent
lui him, *f* her (*voir grammaire*)
lumière *f* light
lundi Monday
lune *f* moon
lunettes *fpl* glasses
lunettes de soleil *fpl* sunglasses

M: M Dumas Mr Dumas
ma my (*voir grammaire*)
machine à écrire *f* typewriter

machine à laver *f* washing machine

macho macho

mâchoire *f* jaw

madame: Madame ... Mrs ...; **pardon madame** excuse me

Mademoiselle Miss

magasin *m* shop

magazine *m* magazine

magnétoscope *m* video

mai May

maigre skinny

maillot de bain *m* swimming costume

main *f* hand

maintenant now

mairie *f* town hall

mais but

maison *f* house; **à la maison** at home; **fait maison** home-made

mal *m*: **j'ai mal ici** I have a pain here; **j'ai mal à la tête/ gorge** I've got a headache/ sore throat; **ça fait mal** it hurts

mal (*adverbe*) badly; **je me sens mal** I feel sick

malade ill

maladie *f* disease

maladie vénérienne *f* VD

mal de mer *m*: **j'ai le mal de mer** I feel seasick

mal du pays *m*: **j'ai le mal du pays** I'm homesick

malentendu *m* misunderstanding

malheureusement unfortunately

maman *f* mum

Manche *f* Channel

manger eat

manquer: tu me manques I miss you

manteau *m* coat

maquillage *m* make-up

marchand de légumes *m* greengrocer

marchand de vins *m* off-licence

marché *m* market

marche arrière *f* reverse gear

marcher walk; **ça ne marche pas** it's not working

mardi Tuesday

marée *f* tide

margarine *f* margarine

mari *m* husband

mariage *m* wedding

marié married

marre: j'en ai marre (de) I'm fed up (with)

marron *m* chestnut

marron brown

mars March

marteau *m* hammer

mascara *m* mascara

match *m* match

matelas *m* mattress

matin *m* morning

mauvais bad

maux d'estomac *mpl* stomach ache

mayonnaise *f* mayonnaise

me me (*voir grammaire*)

mécanicien *m* mechanic

médecin *m* doctor

médicament *m* medicine

Méditerranée *f* Mediterranean

méduse *f* jellyfish

meilleur: le meilleur the best; **meilleur que** better than

mélanger mix

melon *m* melon

même (*identique*) same; **même les hommes/ si** even men/ if; **moi/ lui-même** myself, himself

mentir lie

menton *m* chin

menu *m* (*du jour*) set menu

mer *f* sea

merci thank you

mercredi Wednesday

mère *f* mother

merveilleux wonderful

mes my (*voir grammaire*)

message *m* message

messe *f* mass

métal *m* metal

météo *f* weather forecast

métier *m* job

mètre *m* meter

métro *m* underground

mettre put

meubles *mpl* furniture

midi midday

miel *m* honey

mien: le mien, la mienne mine (*voir grammaire*)

mieux better

milieu *m* middle

mince thin

minuit midnight

minute *f* minute

miroir *m* mirror

Mlle Miss, Ms

Mme Mrs, Ms

mode *f* fashion; **à la mode** fashionable

moderne modern

moi me (*voir grammaire*)

moins less; **au moins** at least

mois *m* month

moitié *f* half

mon my (*voir grammaire*)

monde *m* world; **tout le monde** everyone

moniteur *m*, **monitrice** *f* instructor

monnaie *f* change

monsieur *m* gentleman; **Monsieur ...** Mr ...; **pardon monsieur** excuse me

montagne *f* mountain

monter go up; (*dans véhicule*) get in

montre *f* watch

montrer show

monument *m* monument

moquette *f* carpet

morceau *m* piece

morsure *f* bite

mort *f* death

mort dead

mot *m* word

moteur *m* engine

moto *f* motorbike

mouche *f* fly

mouchoir *m* handkerchief

mouette *f* seagull

mouillé wet

moules *fpl* mussels

mourir die

mousse à raser *f* shaving foam

moustache *f* moustache

moustique *m* mosquito

moutarde *f* mustard

mouton *m* sheep

moyen âge *m* Middle Ages

mur *m* wall

mûr ripe

mûre *f* blackberry

muscle *m* muscle

musée *m* museum; **musée d'art** art gallery

musique f music; **musique classique/ folklorique/ pop** classical/ folk/ pop music
myope shortsighted

nager swim
naître: je suis né en 1963 I was born in 1963
nappe f tablecloth
natation f swimming
nationalité f nationality
nature f nature
naturel natural
nécessaire necessary
négatif m negative
neige f snow
nerveux nervous
nettoyer clean
neuf new
neveu m nephew
névrosé neurotic
nez m nose
ni ... ni ... neither ... nor ...
nièce f niece
Noël Christmas; **joyeux Noël !** happy Christmas!
noir black
noir et blanc black and white
noisette f hazelnut
noix f walnut
nom m name
nom de famille m surname
nom de jeune fille m maiden name
non no
non-fumeurs non-smoking
nord m north; **au nord de** north of

normal normal
nos our (*voir grammaire*)
note f (*addition*) bill
notre our (*voir grammaire*)
nôtre: le/la nôtre ours (*voir grammaire*)
nourriture f food
nous we; (*objet*) us (*voir grammaire*)
nouveau new; **de nouveau** again
Nouvel An m New Year
nouvelles fpl news
novembre November
nu naked
nuage m cloud
nuageux cloudy
nuit f night; **bonne nuit** good night
nulle part nowhere
numéro m number
numéro de téléphone m phone number

O

objectif m (*d'appareil-photo*) lens
objets trouvés mpl lost property office
obtenir get
obturateur m shutter
occasion f: **d'occasion** second-hand
occupé (*téléphone, WC*) engaged; (*personne*) busy
occuper: s'occuper de take care of
octobre October
odeur f smell
oeil m eye

oeuf *m* egg; **oeuf dur/ à la coque** hard-boiled/ boiled egg; **oeufs brouillés** scrambled eggs

offrir offer; *(cadeau)* give

oie *f* goose

oignon *m* onion

oiseau *m* bird

olive *f* olive

ombre *f* shadow; **à l'ombre** in the shade

ombre à paupières *f* eye shadow

omelette *f* omelette

on one; you; *(nous)* we; **on dit que** they say that; **on vous demande** someone is asking for you *(voir grammaire)*

oncle *m* uncle

ongle *m* fingernail

opéra *m* opera

opération *f* operation

opticien *m* optician

optimiste optimistic

or *m* gold

orage *m* thunderstorm

orange *f* orange

orange *(couleur)* orange

orchestre *m* orchestra

ordinateur *m* computer

ordonnance *f* prescription

ordures *fpl* litter

oreille *f* ear

oreiller *m* pillow

organiser organize

orteil *m* toe

os *m* bone

oser dare

ou or

où where

oublier forget

ouest *m* west; **à l'ouest de** west of

oui yes

outil *m* tool

ouvert open

ouvre-boîte *m* tin-opener

ouvre-bouteille *m* bottle-opener

ouvrir open

pagaille *f* mess

page *f* page

pain *m* bread; **pain blanc/ complet** white/ wholemeal bread

paire *f* pair

palais *m* palace

pamplemousse *m* grapefruit

panier *m* basket

panique *f* panic

panne *f* breakdown; **tomber en panne** break down

panneau de signalisation *m* roadsign

pansement *m* bandage

pansement adhésif *m* Elastoplast (R)

pantalon *m* trousers

pantoufles *fpl* slippers

papa *m* dad

papeterie *f* stationer's

papier *m* paper

papier à lettres *m* writing paper

papier collant *m* sellotape (R)

papier d'argent *m* silver foil

papier d'emballage *m* wrapping paper

papier hygiénique *m* toilet paper

77

papillon m butterfly

Pâques Easter

paquet m package; (*de cigarettes*) packet

par by; (*à travers*) through; **par semaine** per week

parapluie m umbrella

parc m park

parce que because

pardon excuse me

pare-brise m windscreen

pare-chocs m bumper

pareil the same

parents mpl relatives; (*père et mère*) parents

paresseux lazy

parfait perfect

parfois sometimes

parfum m perfume

parking m car park

parler speak

parmi among

partager share

partie f part

partir leave

partout everywhere

pas not; **je ne suis pas fatigué** I'm not tired; **pas de ...** no ...

passage à niveau m level crossing

passage clouté m pedestrian crossing

passager m passenger

passeport m passport

passionnant exciting

pastilles pour la gorge fpl throat pastilles

pâté m pâté

pâtes fpl pasta

pâtisserie f (*gâteau*) cake; (*magasin*) cake shop

patron m boss

pauvre poor

payer pay

pays m country

paysage m scenery

Pays de Galles m Wales

PCV m reverse charge call

peau f skin

pêche f (*fruit*) peach; (*au poisson*) fishing

pédale f pedal

peigne m comb

peindre paint

pelle f spade

pellicule f film

pelouse f lawn

pendant during; **pendant que** while

pénicilline f penicillin

pénis m penis

penser think

pension f guesthouse

pension complète f full board

perdre lose

père m father

permanente f perm

permettre allow

permis allowed

permis de conduire m driving licence

personne f person

personne (*nul*) nobody

petit small

petit déjeuner m breakfast

petit pain m roll

petits pois mpl peas

peu: peu de touristes few tourists; **un peu (de)** a little bit (of)

peur f fear; **j'ai peur (de)** I'm afraid (of)

peut-être maybe

phallocrate m male

chauvinist pig
phare m (tour) lighthouse
phares mpl (de voiture)
  headlights
pharmacie f chemist's
photographe m
  photographer
photographie f photograph
photographier photograph
photomètre m light meter
pickpocket m pickpocket
picnic m picnic
pièce de théâtre f play
pièces de rechange fpl spare
  parts
pied m foot, pl feet; **à pied**
  on foot
pierre f stone
piéton m pedestrian
pile f battery
pilote m pilot
pilule f pill
pince f pliers
pince à épiler f tweezers
pince à linge f clothes peg
pince à ongles f nail clippers
pinceau m paint brush
ping-pong m table tennis
pipe f pipe
piquant (goût) hot
piquer sting
piqûre f injection;
  (d'insecte) bite
pire worse
piscine f swimming pool
pizza f pizza
place f (siège) seat;
  (esplanade) square
plafond m ceiling
plage f beach
plaindre: se plaindre
  complain
plaire: . . . me plaît I like . . .

plaisanterie f joke
plan m plan; (de ville etc) map
planche à voile f sailboard
plancher m floor
plante f plant
plaque minéralogique f
  number plate
plastique m plastic
plat flat
plat m dish
plateau m tray
plein full
pleurer cry
pleuvoir rain; **il pleut** it's
  raining
plombage m filling
plombier m plumber
plongée sous-marine f skin-
  diving
plonger dive
pluie f rain
plupart f: **la plupart de** most
  of
plus more; **plus de . . .** (fini)
  no more . . .
plusieurs several
plutôt rather
pneu m tyre
pneu de rechange m spare
  tyre
pneumonie f pneumonia
poche f pocket
poêle f frying pan
poids m weight
poignée f (de porte etc) handle
poignet m wrist
poire f pear
poireau m leek
poison m poison
poisson m fish
poissonnerie f fishmonger's
poitrine f chest
poivre m pepper

poivron *m* pepper
poli polite
police *f* police
politique *f* politics
politique political
pollué polluted
pommade *f* ointment
pomme *f* apple
pomme de terre *f* potato
pompiers *mpl* fire brigade
poney *m* pony
pont *m* bridge; *(de bateau)* deck
porc *m (viande)* pork
port *m* harbour
porte *f* door; *(à aéroport)* gate
porte-bébé *m* carry-cot
portefeuille *m* wallet
porte-monnaie *m* purse
porter carry
portier *m* porter
portion *f* portion
porto *m* port
possible possible
poste *f* post office
poster *m* poster
poster *(verbe)* post
poste restante *f* poste restante
pot *m* jug
potage *m* soup
pot d'échappement *m* exhaust
poubelle *f* dustbin
poule *f* chicken
poulet *m* chicken
poumons *mpl* lungs
poupée *f* doll
pour for
pourboire *m* tip
pour cent per cent
pourquoi why
pourri rotten

pousser push
poussette *f* pushchair
pouvoir: je peux/ il peut I/ he can
pratique practical
prêter lend
préféré favourite
préférer prefer
premier first
premier *m (étage)* first floor
première *f (classe)* first class
premiers secours *mpl* first aid
prendre take
prénom *m* first name
préparer prepare
près de near
présenter *(deux personnes)* introduce
préservatif *m* condom
presque almost
pressing *m* dry-cleaner's
prêt ready
prêtre *m* priest
prince *m* prince
princesse *f* princess
principal main
printemps *m* spring
priorité *f* priority; *(voiture)* right of way
prise *f (électrique)* plug; *(boîtier)* socket
prise multiple *f* adaptor
prison *f* prison
privé private
prix *m* price; **gagner un prix** win a prize
probablement probably
problème *m* problem
prochain next; **l'année prochaine** next year
produits de beauté *mpl* cosmetics
professeur *m* teacher

profond deep
programme *m* programme
promenade *f* walk
promener: aller se promener
  go for a walk
promettre promise
prononcer pronounce
propre clean; **sa propre clef**
  his/her own key
propriétaire *m* owner
prospectus *m* brochure
protège-couches *mpl* nappy-
  liners
protéger protect
protestant Protestant
prudent careful
prune *f* plum
public public
public *m* public; audience
puce *f* flea
puis then
pull(over) *m* sweater
punk punk
pyjama *m* pyjamas

quai *m* (*de gare*) platform; (*de
  port*) quay
qualité *f* quality
quand when
quand-même anyway
quart *m* quarter
quartier *m* district
que: plus laid que uglier
  than; **je ne fume que ...** I
  only smoke ...; **je pense
  que ...** I think that ...;
  **que ... ?; qu'est-ce
  que ... ?** what ...?
quel which

quelque chose something
quelque part somewhere
quelques-uns some
quelqu'un somebody
question *f* question
queue *f* (*d'animal*) tail;
  (*d'attente*) queue; **faire la
  queue** queue
qui who
quincaillerie *f* ironmonger's
quinzaine *f* fortnight
quoi ? what?

raccourci *m* shortcut
radiateur *m* heater; (*de
  voiture*) radiator
radio *f* radio; (*radiographie*) X-
  ray
raide steep
raisin *m* grapes
raisonnable sensible
rallonge *f* extension lead
rapide fast
rare rare
raser: se raser shave
rasoir *m* razor
rat *m* rat
rater (*train etc*) miss
ravissant lovely
rayon *m* (*de vélo*) spoke
rayons X *mpl* X-ray
réception *f* reception
réceptionniste *m/f*
  receptionist
recette *f* recipe
receveur *m* conductor
recevoir receive
recommander recommend
reconnaissant grateful

reconnaître recognize

reçu *m* receipt

regarder look (at)

régime *m* diet

région *f* area

règles *fpl* period

rein *m* kidney

reine *f* queen

religion *f* religion

rembourser refund

remercier thank

remorque *f* trailer

remplir fill

rencontrer meet

rendez-vous *m* appointment

rendre *(restituer)* give back

renseignement *m*
information

renseignements *mpl* *(bureau)*
information desk;
(téléphone) directory
enquiries

rentrer return; **rentrer à la
maison** go home

renverser knock over

réparer repair

repas *m* meal

repasser iron

répéter repeat

répondre answer

réponse *f* answer

reposer: se reposer take a rest

représentant *m* agent

réservation *f* reservation

réserver reserve

réservoir *m* tank

respirer breathe

responsable responsible

ressembler à look like

ressort *m* spring

restaurant *m* restaurant

reste *m* rest

rester stay

retard *m* delay; **en retard**
late

retraité *m* old-age pensioner

rétroviseur *m* rearview
mirror

réunion *f* meeting

rêve *m* dream

réveil *m* alarm clock

réveillé awake

réveiller wake up; **se
réveiller** wake up

revenir come back

rez-de-chaussée *m* ground
floor

rhum *m* rum

rhumatismes *mpl*
rheumatism

rhume *m* cold

rhume des foins *m* hay fever

riche rich

rideau *m* curtain

ridicule ridiculous

rien nothing; *(quelque chose)*
anything

rire laugh

rivage *m* shore

rivière *f* river

riz *m* rice

robe *f* dress

robe de chambre *f* dressing
gown

robinet *m* tap

rocher *m* rock

rock *m* rock music

roi *m* king

roman *m* novel

rond round

rond-point *m* roundabout

ronfler snore

rose pink

rose *f* rose

roue *f* wheel

rouge red

rouge à lèvres *m* lipstick
rougeole *f* measles
route *f* road
roux red-headed
rubéole *f* German measles
rue *f* street
ruines *fpl* ruins
ruisseau *m* stream

sa his, her, its (*voir grammaire*)
sable *m* sand
sac *m* bag; **sac en plastique** plastic bag
sac à dos *m* rucksack
sac à main *m* handbag
sac de couchage *m* sleeping bag
saigner bleed
Saint-Sylvestre *f* New Year's Eve
saison *f* season; **en haute saison** in the high season
salade *f* salad
sale dirty
salé salty
salle à manger *f* dining room
salle d'attente *f* waiting room
salle de bain *f* bathroom
salon *m* lounge
samedi Saturday
sandales *fpl* sandals
sandwich *m* sandwich
sang *m* blood
sans without
santé *f* health; **bon pour la santé** healthy; **santé !** your health!

sardine *f* sardine
sauce *f* sauce
saucisse *f* sausage
sauf except
saumon *m* salmon
sauna *m* sauna
sauter jump
sauvage wild
savoir know; **je ne sais pas** I don't know
savon *m* soap
scandaleux shocking
science *f* science
seau *m* bucket
sec dry
sèche-cheveux *m* hair dryer
sécher dry
seconde *f*(*temps*) second; (*classe*) second class
secret secret
sécurité *f*: **en sécurité** safe
séduisant attractive
sein *m* breast
séjour *m* stay
sel *m* salt
self-service self-service
sels de bain *mpl* bath salts
semaine *f* week
semblable similar
semelle *f* sole
sens *m* (*direction*) direction
sensible sensitive
sentier *m* path
sentiment *m* feeling
sentir feel; (*odeur*) smell; **je me sens bien/ mal** I feel well/unwell
séparé separate
séparément separately
septembre September
sérieux serious
serpent *m* snake
serrure *f* lock

serveuse f waitress

service m service; (*pourboire*) service charge

serviette f (*pour documents*) briefcase; (*pour manger*) serviette

serviette de bain f towel

serviette hygiénique f sanitary towel

servir serve

ses his, her, its (*voir grammaire*)

seul alone

seulement only

sexe m sex

sexiste sexist

sexy sexy

shampoing m shampoo

shopping m shopping; **faire du shopping** go shopping

shorts mpl shorts

si (*condition*) if; (*tellement*) so; (*mais oui*) yes

SIDA m AIDS

siècle m century

siège m seat

sien: le sien, la sienne his, hers (*voir grammaire*)

signer sign

signifier mean

silence m silence; **silence !** quiet!

s'il vous plaît please

simple simple

sincère sincere

sinon otherwise

ski m ski; (*sport*) skiing

skier ski

ski nautique m waterski; (*sport*) waterskiing

slip m underpants

slip de bain m swimming trunks

société f company; **la société d'aujourd'hui** today's society

soeur f sister

soie f silk

soif f: **j'ai soif** I'm thirsty

soir m evening; **ce soir** tonight

soirée f evening

soit ... soit ... either ... or ...

soldes mpl sale

soleil m sun

sombre dark

sommeil m: **j'ai sommeil** I'm sleepy

somnifère m sleeping pill

son his, her, its (*voir grammaire*)

sonnette f bell

sortie f exit

sortie de secours f emergency exit

sortir go out

souci m worry; **se faire du souci (pour)** worry (about)

soucoupe f saucer

soudain suddenly

souhaits: à vos souhaits ! bless you

soupe f soup

sourcil m eyebrow

sourd deaf

sourire smile

souris f mouse

sous under

sous-sol m basement

sous-vêtements mpl underwear

soutien-gorge m bra

souvenir m souvenir

souvenir: se souvenir de remember

souvent often
spécialement especially
spécialité *f* speciality
sport *m* sport
starter *m* choke
stationner park
station-service *f* petrol station
steak *m* steak
stérilet *m* IUD
steward *m* steward
stop *m* hitchhiking; **faire du stop** hitchhike
studio *m* (*appartement*) flatlet
stupide stupid
stylo *m* pen
stylo à bille *m* biro (R)
stylo-feutre *m* felt-tip pen
succès *m* success
sucette *f* lollipop
sucre *m* sugar
sucré sweet
sud *m* south; **au sud de** south of
suffire: ça suffit that's enough
Suisse *f* Switzerland; **Suisse romande** French-speaking Switzerland
suisse Swiss
suivant (*adjectif*) next
suivre follow; **faire suivre** forward
super tremendous
supermarché *m* supermarket
supplément *m* supplement
supporter: je ne supporte pas le fromage I can't stand cheese
sur on
sûr sure
surgelé frozen; **les surgelés** frozen food

surnom *m* nickname
surprenant surprising
surprise *f* surprise
survêtement de sport *m* tracksuit
sympathique nice
synagogue *f* synagogue

ta your (*voir grammaire*)
tabac *m* tobacco
tabac-journaux *m* newsagent
table *f* table
tableau *m* painting
tableau de bord *m* dashboard
tache *f* stain
taille *f* (*grandeur*) size; (*partie du corps*) waist
taille-crayon *m* pencil sharpener
talc *m* talcum powder
talon *m* heel
tampon *m* tampon
tante *f* aunt
tapis *m* rug
tard late
tarte *f* tart; **tarte aux pommes** apple pie
tasse *f* cup
taureau *m* bull
taxi *m* taxi
te you (*voir grammaire*)
teinturier *m* dry-cleaner's
téléférique *m* cable car
télégramme *m* telemessage
téléphone *m* telephone
téléphoner (à) phone
télésiège *m* chairlift
télévision *f* television
témoin *m* witness

température *f* temperature
tempête *f* storm
temple *m* Protestant church
temps *m* (*durée*) time;
  (*météo*) weather
tenir hold
tennis *m* tennis
tennis *fpl* trainers
tente *f* tent
terminer finish
terrain pour caravanes *m*
  caravan site
terre *f* earth
tes your (*voir grammaire*)
tête *f* head
thé *m* tea
théâtre *m* theatre
théière *f* teapot
thermomètre *m* thermometer
thermos *m* thermos flask
thon *m* tuna fish
tiède lukewarm
tien: le tien, la tienne yours
  (*voir grammaire*)
timbre *m* stamp
timide shy
tire-bouchon *m* corkscrew
tirer pull
tissu *m* material
toast *m* toast
toi you (*voir grammaire*)
toilettes *fpl* toilet
toit *m* roof
tomate *f* tomato
tomber fall; **laisser tomber**
  drop
ton your (*voir grammaire*)
tonnerre *m* thunder
torchon à vaisselle *m* tea
  towel
tôt early
toucher touch
toujours always; (*encore*) still

tour *f* tower
touriste *m/f* tourist
tourner turn
tournevis *m* screwdriver
tous all; **tous les deux** both
  of them; **tous les jours**
  every day
tousser cough
tout everything; **tout le/
  toute la** all the; **toute la
  journée** all day; **en tout**
  altogether
toutes all (*voir TOUS*)
toux *f* cough
tradition *f* tradition
traditionnel traditional
traduire translate
train *m* train
tranche *f* slice
tranquille quiet
transmission *f* transmission
transpirer sweat
travail *m* work
travailler work
travaux *mpl* (*sur la route*)
  roadworks
traverser cross
très very
tricoter knit
triste sad
trop too much; **trop
  cher/vite** too expensive/ fast
trottoir *m* pavement
trou *m* hole
trouver find
T-shirt *m* T-shirt
tu you
tuer kill
tunnel *m* tunnel
tuyau *m* pipe

un, une a, an; (*nombre*) one (*voir grammaire*)
université f university
urgence f emergency
urgent urgent
usine f factory
ustensiles de cuisine mpl cooking utensils
utile useful
utiliser use

vacances fpl holiday; **grandes vacances** summer holidays
vaccin m vaccination
vache f cow
vagin m vagina
vague f wave
vaisselle f (*propre*) crockery; **faire la vaisselle** do the washing-up; **produit de vaisselle** washing-up liquid
valable valid
valise f suitcase
vallée f valley
vanille f vanilla
varappe f rock climbing
variable changeable
vase m vase
veau m (*viande*) veal
végétarien vegetarian
véhicule m vehicle
vélo m bicycle
vendre sell
vendredi Friday

venir come
vent m wind
vente f sale
ventilateur m fan
ventre m stomach
vérifier check
vernis à ongles m nail polish
verre m glass
verrou m bolt
verrouiller bolt
vert green
vessie f bladder
veste f jacket
vestiaire m cloakroom
vêtements mpl clothes
vétérinaire m vet
veuf m widower
veuve f widow
vexer offend
viande f meat
viande hachée f minced meat
vide empty
vidéo f video
vie f life
vieux old
vignoble m vineyard
vilebrequin m crankshaft
villa f villa
village m village
ville f town
vin m wine; **vin rouge/ blanc/ rosé** red/ white/ rosé wine
vinaigre m vinegar
vinaigrette f salad dressing
viol m rape
violet purple
virage m bend
vis f screw
visa m visa
visage m face
viseur m viewfinder

FRANÇAIS-ANGLAIS

visite *f* visit
visiter visit
vitamines *fpl* vitamins
vite quickly
vitesse *f* (*rapidité*) speed;
(*première etc*) gear
vivant alive
vivre live
vœux *mpl*: **meilleurs vœux**
best wishes
voici here is; (*avec pluriel*)
here are
voilà here is; (*avec pluriel*)
here are
voile *f* sail; (*sport*) sailing
voir see
voisin *m*, **voisine** *f*
neighbour
voiture *f* car
voix *f* voice
vol *m* (*d'avion*) flight;
(*criminel*) theft
volaille *f* poultry
volant *m* (*de voiture*) steering
wheel
voler (*dérober*) steal; (*dans
l'air*) fly
volets *mpl* shutters
voleur *m* thief
vomir: j'ai envie de vomir
I'm going to be sick
vos your (*voir grammaire*)
votre your (*voir grammaire*)
vôtre: le/la vôtre yours (*voir
grammaire*)
vouloir want; **je veux** I
want; **voulez-vous ... ?** do
you want ...?
vous you
voyage *m* trip; **voyage
d'affaires** business trip;
bon voyage ! have a good
journey!

voyage de noces *m*
honeymoon
voyage organisé *m* package
tour
voyager travel
vrai true
vraiment really
vue *f* view

wagon *m* carriage
wagon-lit *m* sleeper
wagon-restaurant *m* dining
car
walkman *m* (R) walkman (R)
WC *mpl* toilet
week-end *m* weekend
whisky *m* whisky

y there; **il y a** there is; (*avec
pluriel*) there are
yacht *m* yacht
yaourt *m* yoghurt

zéro zero
zone piétonne *f* pedestrian
precinct
zoo *m* zoo

a un, une (*voir grammaire*)
about environ
above au-dessus de
abroad à l'étranger
accelerator l'accélérateur
accent l'accent
accept accepter
accident l'accident
accommodation le logement
accompany accompagner
ache la douleur
adaptor l'adaptateur; la prise
    multiple
address l'adresse
address book le carnet
    d'adresses
adult l'adulte
advance: in advance
    d'avance
advise conseiller
aeroplane l'avion
afraid: I'm afraid (of) j'ai
    peur (de)
after après
afternoon l'après-midi
afterwards ensuite
again de nouveau
against contre
age l'âge
agency l'agence
agent le représentant; le
    concessionnaire
aggressive agressif

ago: three days ago il y a trois
    jours
agree: I agree je suis d'accord
AIDS le SIDA
air-conditioned climatisé
air-conditioning la
    climatisation
air hostess l'hôtesse de l'air
airline la compagnie
    aérienne
airmail: by airmail par avion
airport l'aéroport
alarm l'alarme
alarm clock le réveil
alcohol l'alcool
ale la bière
alive vivant
all: all men/ women tous les
    hommes/ toutes les femmes;
    all the milk/ beer tout le
    lait/ toute la bière
allergic to allergique à
all-inclusive tout compris
allow permettre
allowed permis
all right: that's all right
    d'accord
almost presque
alone seul
already déjà
also aussi
alternator l'alternateur
although bien que
altogether en tout
always toujours
a.m.: at 5 a.m. à 5 heures du
    matin
America l'Amérique

American américain

among parmi

amp: 15-amp de 15 ampères

ancestor l'ancêtre

anchor l'ancre

ancient ancien

and et

angina l'angine de poitrine

angry fâché

animal l'animal

ankle la cheville

anniversary l'anniversaire

annoying ennuyeux

another un/une autre; **another beer** encore une bière

answer la réponse

answer répondre

ant la fourmi

antibiotic l'antibiotique

antifreeze l'antigel

antihistamine l'antihistaminique

antique: it's an antique c'est un objet d'époque

antique shop l'antiquaire

antiseptic le désinfectant

any: have you got any butter/ bananas? avez-vous du beurre/ des bananes ?; **I don't have any** je n'en ai pas

anyway quand-même

apartment l'appartement

apologize s'excuser

appalling épouvantable

appendicitis l'appendicite

appetite l'appétit

apple la pomme

apple pie la tarte aux pommes

appointment le rendez-vous

apricot l'abricot

April avril

area la région

arm le bras

arrest arrêter

arrival l'arrivée

arrive arriver

art l'art

art gallery le musée d'art

artificial artificiel

artist l'artiste

as comme; **as beautiful as** aussi beau que

ashamed honteux

ashtray le cendrier

ask demander

asleep endormi

asparagus les asperges

aspirin l'aspirine

asthma l'asthme

astonishing étonnant

at: at the station à la gare; **at Betty's** chez Betty; **at 3 o'clock** à 3 heures

Atlantic l'Atlantique

attractive séduisant

audience le public

August août

aunt la tante

Australia l'Australie

Australian australien

Austria l'Autriche

automatic automatique

autumn l'automne

awake réveillé

awful affreux

axe la hache

axle l'essieu

baby le bébé

ANGLAIS-FRANÇAIS

bachelor le célibataire
back l'arrière; le dos; **the back wheel/ seat** la roue/ le siège arrière
backpack le sac à dos
bacon le lard
bad mauvais
badly mal
bag le sac; la valise
bake cuire
baker's la boulangerie
balcony le balcon
bald chauve
ball le ballon; la balle
banana la banane
bandage le pansement
bank la banque
barber le coiffeur
barmaid la serveuse
basement le sous-sol
basket le panier
bath le bain
bathing cap le bonnet de bain
bathroom la salle de bain
bath salts les sels de bain
bathtub la baignoire
battery la pile; la batterie
be être (*voir grammaire*)
beach la plage
beans les haricots; **green beans** les haricots verts
beard la barbe
beautiful beau
because parce que
become devenir
bed le lit; **single/ double bed** lit pour une personne/ deux personnes; **go to bed** aller se coucher
bed linen les draps de lit
bedroom la chambre à coucher
bee l'abeille

beef le boeuf
beer la bière
before avant
begin commencer
beginner le débutant
beginning le début
behind derrière
Belgian belge
Belgium la Belgique
believe croire
bell la cloche; la sonnette
belong appartenir
below sous
belt la ceinture
bend le virage
best: the best le/ la meilleur
better mieux
between entre
bicycle le vélo
big grand
bill la note; l'addition
bird l'oiseau
biro (R) le stylo à bille
birthday l'anniversaire; **happy birthday!** bon anniversaire !
biscuit le petit gâteau
bit: a little bit un peu
bite la morsure; la piqûre
bitter amer
black noir
black and white noir et blanc
blackberry la mûre
bladder la vessie
blanket la couverture
bleach l'eau de Javel
bleed saigner
bless: bless you! à vos souhaits !
blind aveugle
blister l'ampoule
blocked bouché
blood le sang

blood group le groupe sanguin
blouse le chemisier
blow-dry le brushing
blue bleu
boarding pass la carte d'embarquement
boat le bateau
body le corps
boil bouillir
bolt le verrou
bolt verrouiller
bomb la bombe
bone l'os; l'arête
bonnet le capot
book le livre
book réserver
bookshop la librairie
boot la botte; le coffre
border la frontière
boring ennuyeux
born: I was born in 1963 je suis né en 1963
borrow emprunter
boss le patron
both: both of them tous les deux
bottle la bouteille
bottle-opener l'ouvre-bouteille
bottom le fond; le derrière; **at the bottom of** au fond de
bowl le bol
box la boîte
box office le guichet
boy le garçon
boyfriend le petit ami
bra le soutien-gorge
bracelet le bracelet
brake le frein
brake freiner
brandy le cognac
brave courageux
bread le pain; **white/**

wholemeal bread le pain blanc/ complet
break casser
break down tomber en panne
breakdown la panne; la dépression
breakfast le petit déjeuner
breast le sein
breastfeed allaiter
breathe respirer
brick la brique
bridge le pont
briefcase la serviette
bring apporter
Britain la Grande-Bretagne
British britannique
brochure le prospectus
broke: I'm broke je suis fauché
broken cassé
brooch la broche
broom le balai
brother le frère
brother-in-law le beau-frère
brown marron
bruise le bleu
brush la brosse
Brussels sprouts les choux de Bruxelles
bucket le seau
building le bâtiment
bulb l'ampoule
bull le taureau
bumper le pare-chocs
bunk beds les lits superposés
buoy la bouée
burn la brûlure
burn brûler
bus l'autobus
business les affaires
business trip le voyage d'affaires

bus station la gare routière
bus stop l'arrêt d'autobus
busy occupé
but mais
butcher's la boucherie
butter le beurre
butterfly le papillon
button le bouton
buy acheter
by par; **by car** en voiture

cabbage le chou
cabin la cabine
cable car le téléférique
café le café
cagoule le K-way (R)
cake le gâteau
cake shop la pâtisserie
calculator la calculette
calendar le calendrier
call appeler
calm down se calmer
Calor gas (R) le butagaz
camera l'appareil-photo; la caméra
campbed le lit de camp
camping le camping
campsite le camping
can la boîte
can: I/ she can je peux/ elle peut; **can you ...?** pouvez-vous ... ?
Canadian canadien
canal le canal
cancel annuler
candle la bougie
canoe le canoë
cap la casquette

captain le capitaine
car la voiture
caravan la caravane
caravan site le terrain pour caravanes
carburettor le carburateur
card la carte; la carte de visite
cardboard le carton
cardigan le gilet
car driver l'automobiliste
care: take care of s'occuper de
careful prudent; **be careful!** faites attention !
car park le parking
carpet le tapis; la moquette
car rental la location de voitures
carriage le wagon
carrot la carotte
carry porter
carry-cot le porte-bébé
cash: pay cash payer comptant
cash desk la caisse
cash dispenser le distribanque
cassette player le lecteur de cassettes
castle le château
cat le chat
catch attraper
cathedral la cathédrale
Catholic catholique
cauliflower le chou-fleur
cave la grotte
ceiling le plafond
cemetery le cimetière
central heating le chauffage central
centre le centre
century le siècle
certificate le certificat

chain la chaîne
chair la chaise
chairlift le télésiège
chambermaid la femme de chambre
chance: by chance par hasard
change la monnaie
change changer; se changer; **change trains** changer de train
changeable variable
Channel la Manche
charter flight le charter
cheap bon marché
check vérifier
check-in l'enregistrement des bagages
cheers! à la vôtre !; merci
cheese le fromage
chemist's la pharmacie
cheque le chèque
cheque book le chéquier
cheque card la carte d'identité bancaire
cherry la cerise
chest la poitrine
chestnut le marron
chicken la poule; le poulet
child, *pl* **children** l'enfant
children's portion la portion pour enfants
chin le menton
chips les frites
chocolate le chocolat; **milk chocolate** le chocolat au lait; **plain chocolate** le chocolat à croquer; **hot chocolate** le chocolat chaud
choke le starter
choose choisir
chop la côtelette
Christian name le prénom
Christmas Noël

church l'église
cider le cidre
cigar le cigare
cigarette la cigarette
cinema le cinéma
city la ville
city centre le centre-ville
claret le bordeaux rouge
class la classe; **first class** la première; **second class** la seconde
classical music la musique classique
clean propre
clean nettoyer
cleansing cream la crème démaquillante
clear clair
clever intelligent
cliff la falaise
climate le climat
cloakroom le vestiaire; les toilettes
clock l'horloge
close fermer
closed fermé
clothes les vêtements
clothes peg la pince à linge
cloud le nuage
cloudy nuageux
clutch l'embrayage
coach le car
coast la côte
coat le manteau
coathanger le cintre
cockroach le cafard
cocoa le cacao
coffee le café; **white coffee** le crème
cold froid; **it is cold** il fait froid
cold le rhume; **I've got a cold** je suis enrhumé

cold cream la crème de beauté
collar le col
colour la couleur
colour film la pellicule couleurs
comb le peigne
come venir; **come back** revenir; **come in!** entrez !
comfortable confortable
compact disc le disque compact
company la société
compartment le compartiment
compass la boussole
complain se plaindre
complicated compliqué
compliment le compliment
computer l'ordinateur
concert le concert
conditioner le baume après-shampoing
condom le préservatif
conductor le receveur
confirm confirmer
congratulations! félicitations !
connection la correspondance
constipated constipé
consulate le consulat
contact contacter
contact lenses les lentilles de contact
contraceptive le contraceptif
cook le cuisinier
cook cuire
cooker la cuisinière
cooking utensils les ustensiles de cuisine
cool frais
corkscrew le tire-bouchon

corner le coin
correct correct
cosmetics les produits de beauté
cost coûter
cot le lit d'enfant
cotton le coton
cotton wool le coton hydrophile
cough la toux
cough tousser
country le pays
countryside la campagne
course: of course bien sûr
cousin le cousin, la cousine
cow la vache
crab le crabe
crafts l'artisanat
cramp la crampe
crankshaft le vilebrequin
crash la collision
crayfish la langouste; la langoustine
cream la crème
cream puff le chou à la crème
credit card la carte de crédit
crew l'équipage
crisps les chips
crockery la vaisselle
cross traverser
crowd la foule
crowded bondé
cruise la croisière
crutches les béquilles
cry pleurer
cucumber le concombre
cup la tasse
cupboard l'armoire
curtain le rideau
custom la coutume
customs la douane
cut couper
cutlery les couverts

cycling le cyclisme
cyclist le cycliste
cylinder head gasket le joint de culasse

D

dad le papa
damage endommager
damp humide
dance danser
danger le danger
dangerous dangereux
dare oser
dark sombre
dashboard le tableau de bord
date la date
daughter la fille
daughter-in-law la belle-fille
day le jour; **the day before yesterday** avant-hier; **the day after tomorrow** après-demain
dead mort
deaf sourd
dear cher
death la mort
decaffeinated sans caféine
December décembre
decide décider
deck le pont
deck chair la chaise longue
deep profond
delay le retard
deliberately exprès
delicious délicieux
demand exiger
dentist le dentiste
dentures le dentier
department store le grand magasin

departure le départ
depend: it depends ça dépend
depressed déprimé
dessert le dessert
develop développer
device l'appareil
diabetic diabétique
dialect le dialecte
dialling code l'indicatif
diamond le diamant
diarrhoea la diarrhée
diary l'agenda
dictionary le dictionnaire
die mourir
diesel le gas-oil
diet le régime
different différent
difficult difficile
dining car le wagon-restaurant
dining room la salle à manger
dinner le dîner; **have dinner** dîner
direction le sens
directory enquiries les renseignements
dirty sale
disabled handicapé
disappear disparaître
disappointed déçu
disaster le désastre
disco la discothèque
disease la maladie
disgusting dégoûtant
disinfectant le désinfectant
distance la distance
distributor le delco
district le quartier
disturb déranger
dive plonger
divorced divorcé

do faire; **that'll do nicely** ça va bien
doctor le médecin
dog le chien
doll la poupée
donkey l'âne
door la porte
double double
double room la chambre pour deux personnes
down: I feel a bit down j'ai le cafard; **down there** là-bas
downstairs en bas
draught le courant d'air; la pression
dream le rêve
dress la robe
dress habiller; s'habiller
dressing gown la robe de chambre
drink la boisson
drink boire
drinking water l'eau potable
drive conduire
driver le conducteur
driving licence le permis de conduire
drop la goutte
drop laisser tomber
drug la drogue
drunk ivre
dry sec
dry sécher
dry-cleaner le teinturier
duck le canard
durex (R) le préservatif
during pendant
dustbin la poubelle
Dutch hollandais
duty-free hors taxes
duty-free shop la boutique hors taxes

each chaque
ear l'oreille
early tôt; en avance
earrings les boucles d'oreille
earth la terre
east l'est
Easter Pâques
easy facile
eat manger
egg l'œuf; **hard-boiled egg** œuf dur; **boiled egg** œuf à la coque
egg cup le coquetier
either ... or ... soit ... soit ...
elastic élastique
Elastoplast (R) le pansement adhésif
elbow le coude
electric électrique
electricity l'électricité
else: something else autre chose
elsewhere ailleurs
embarrassing gênant
embassy l'ambassade
emergency l'urgence
emergency exit la sortie de secours
empty vide
end la fin
engaged occupé; fiancé
engine le moteur; la locomotive
England l'Angleterre
English anglais; **the English** les Anglais
English girl/ woman l'Anglaise

ANGLAIS-FRANÇAIS

Englishman l'Anglais
enlargement
 l'agrandissement
enough assez (de); **that's**
 enough ça suffit
enter entrer dans
entrance l'entrée
envelope l'enveloppe
epileptic épileptique
especially spécialement
Europe l'Europe
European européen
even: even men/ if même les
 hommes/ si; **even more**
 beautiful encore plus beau
evening le soir; **good**
 evening bonsoir
every chaque; **every time**
 chaque fois; **every day** tous
 les jours
everyone tout le monde
everything tout
everywhere partout
exaggerate exagérer
example l'exemple ; **for**
 example par exemple
excellent excellent
except sauf
excess baggage l'excédent de
 bagages
exchange échanger
exchange rate le cours du
 change
exciting passionnant
excuse me pardon
exhaust le pot
 d'échappement
exhibition l'exposition
exit la sortie
expensive cher
explain expliquer
extension lead la rallonge
eye l'oeil

eyebrow le sourcil
eye shadow l'ombre à
 paupières

face le visage
factory l'usine
faint s'évanouir
fair la foire; juste
fall tomber
false faux
family la famille
famous célèbre
fan le ventilateur
fan belt la courroie du
 ventilateur
far (away) loin
farm la ferme
farmer l'agriculteur
fashion la mode
fashionable à la mode
fast rapide
fat gros
fat le gras
father le père
father-in-law le beau-père
fault: it's my/ his fault c'est
 de ma/ sa faute
faulty défectueux
favourite préféré
fear la peur
February février
fed up: I'm fed up (with) j'en
 ai marre (de)
feel sentir; **I feel well/**
 unwell je me sens bien/
 mal; **I feel like** j'ai envie de
feeling le sentiment
felt-tip pen le stylo-feutre
feminist féministe

ANGLAIS-FRANÇAIS

fence la barrière
ferry le ferry-boat; le bac
fever la fièvre
few: few tourists peu de
touristes; **a few**
quelques-uns ; **a few ...**
quelques ...
field le champ
fight la bagarre
fight se battre
fill remplir
fillet le filet
filling le plombage
filter le filtre
find trouver
fine l'amende
fine beau; **fine!** bien !
finger le doigt
fingernail l'ongle
finish terminer
fire le feu; l'incendie
fire brigade les pompiers
fire extinguisher l'extincteur
fireworks les feux d'artifice
first premier
first d'abord
first floor le premier
first aid les premiers secours
first class la première
first name le prénom
fish le poisson
fishbone l'arête
fishing la pêche
fishmonger's la poissonnerie
fit en forme
fizzy gazeux
flag le drapeau
flat l'appartement
flat plat; crevé
flavour l'arôme
flea la puce
flight le vol
flirt flirter

floor le plancher; l'étage
florist le fleuriste
flour la farine
flower la fleur
flu la grippe
fly la mouche
fly voler
fog le brouillard
folk music la musique
folklorique
follow suivre
food la nourriture
food poisoning l'intoxication
alimentaire
foot, *pl* **feet** le pied; **on foot**
à pied
for pour
forbidden défendu
forehead le front
foreign étranger
foreigner l'étranger
forest la forêt
forget oublier
fork la fourchette;
l'embranchement
form le formulaire
fortnight la quinzaine
fortunately heureusement
forward faire suivre
foundation cream le fond de
teint
fountain la fontaine
France la France
free libre; gratuit
freezer le congélateur
French français
French girl/ woman la
Française
Frenchman le Français
fresh frais
Friday vendredi
fridge le frigo
friend l'ami, l'amie

ANGLAIS-FRANÇAIS

from: from Plymouth to Inverness de Plymouth à Inverness
front l'avant; **in front of** devant
frost le gel
frozen surgelé
fruit les fruits
fry frire
frying pan la poêle
full plein
full board la pension complète
fun: have fun s'amuser
funeral l'enterrement
funnel l'entonnoir
funny drôle
furious furieux
furniture les meubles
further plus loin
fuse le fusible
future le futur

game le jeu; le gibier
garden le jardin
garlic l'ail
gas le gaz
gas permeable lenses les lentilles semi-rigides
gauge la jauge
gay homosexuel
gear la vitesse
gearbox la boîte de vitesses
gear lever le levier de vitesses
gentleman le monsieur
gents les toilettes pour messieurs
genuine authentique
German allemand

Germany l'Allemagne
get obtenir; can you tell me how to get to ...? pouvez-vous me dire comment aller à ...?; **get back** rentrer; **get in** monter; **get off** descendre; **get up** se lever; **get out!** dehors !
gin le gin
girl la (jeune) fille
girlfriend la petite amie
give donner; **give back** rendre
glad content
glass le verre
glasses les lunettes
gloves les gants
glue la colle
go aller; partir; marcher; **go in** entrer; **go out** sortir; **go down** descendre; **go up** monter; **go through** traverser; **go away** partir; **go away!** allez-vous-en !
goat la chèvre
God Dieu
gold l'or
good bon; **good!** bien !
goodbye au revoir
goose l'oie
got: have you got ...? avez-vous ... ?
government le gouvernement
grammar la grammaire
grandfather le grand-père
grandmother la grand-mère
grapefruit le pamplemousse
grapes le raisin
grass l'herbe
grateful reconnaissant
greasy gras
Greece la Grèce

ANGLAIS-FRANÇAIS

Greek grec
green vert
greengrocer le marchand de légumes
grey gris
grilled grillé
grocer's l'épicerie
ground floor le rez-de-chaussée
group le groupe
guarantee la garantie
guest l'invité
guesthouse la pension
guide le guide
guidebook le guide
guitar la guitare
gun le fusil; le pistolet

habit l'habitude
hail la grêle
hair les cheveux
haircut la coupe de cheveux
hairdresser le coiffeur
hair dryer le sèche-cheveux
hair spray la laque
half la moitié; **half a litre/ day** un demi-litre/ une demi-journée; **half an hour** une demi-heure
half board la demi-pension
ham le jambon
hammer le marteau
hand la main
handbag le sac à main
handbrake le frein à main
handkerchief le mouchoir
handle la poignée
hand luggage les bagages à main

handsome beau
hanger le cintre
hangover la gueule de bois
happen arriver
happy heureux; **happy Christmas!** joyeux Noël !; **happy New Year!** bonne année !
harbour le port
hard dur
hard lenses les lentilles dures
hat le chapeau
hate détester
have avoir (*voir grammaire*); **I have to ...** je dois ...
hay fever le rhume des foins
hazelnut la noisette
he il
head la tête
headache le mal à la tête
headlights les phares
healthy bon pour la santé
hear entendre
hearing aid l'audiophone
heart le coeur
heart attack la crise cardiaque
heat la chaleur
heater le radiateur
heating le chauffage
heavy lourd
heel le talon
hello bonjour; bonsoir
help l'aide; **help!** au secours !
help aider
her son, sa, ses; la, elle (*voir grammaire*)
herbs les fines herbes
here ici; **here is/ are** voilà
hers le sien, la sienne (*voir grammaire*)
hiccups le hoquet
hide cacher

high haut

highway code le code de la route

hill la colline

him le, lui (*voir grammaire*)

hip la hanche

hire: for hire à louer

his son, sa, ses; **it's his** c'est le sien/ la sienne (*voir grammaire*)

history l'histoire

hit frapper

hitchhike faire du stop

hitchhiking le stop

hold tenir

hole le trou

holiday les vacances ; le jour férié; **summer holidays** les grandes vacances

Holland la Hollande

home: at home à la maison; **go home** rentrer à la maison

homemade fait maison

homesick: I'm homesick j'ai le mal du pays

honest honnête

honey le miel

honeymoon le voyage de noces

hoover (R) l'aspirateur

hope espérer

horn le klaxon

horrible horrible

horse le cheval

horse riding l'équitation

hospital l'hôpital

hospitality l'hospitalité

hot chaud; piquant

hotel l'hôtel

hot-water bottle la bouillotte

hour l'heure

house la maison

house wine le vin ordinaire

how? comment ?; **how are you?** comment allez-vous ?; **how are things?** ça va ?; **how many/ much?** combien?

humour l'humour

hungry: I'm hungry j'ai faim

hurry se dépêcher; **hurry up!** dépêchez-vous !

hurt faire mal

husband le mari

I je

ice la glace

ice cream la glace

ice lolly l'esquimau

idea l'idée

idiot l'idiot

if si

ignition l'allumage

ill malade

immediately immédiatement

important important

impossible impossible

improve améliorer

in dans; **in London** à Londres; **in France/ 1945** en France/ 1945; **in English** en anglais; **is he in?** il est là ?

included compris

incredible incroyable

independent indépendant

indicator le clignotant

industry l'industrie

information le renseignement

information desk les renseignements

injection la piqûre

injured blessé
inner tube la chambre à air
innocent innocent
insect l'insecte
insect repellent la crème anti-insecte
inside à l'intérieur (de)
insomnia l'insomnie
instant coffee le café soluble
instructor le moniteur
insurance l'assurance
interesting intéressant
introduce présenter
invite inviter
Ireland l'Irlande
Irish irlandais
iron le fer; le fer à repasser
iron repasser
ironmonger's la quincaillerie
island l'île
it ça; it is ... c'est ... (voir grammaire)
Italian italien
Italy l'Italie
itch la démangeaison
IUD le stérilet

jack le cric
jacket la veste
jam la confiture
January janvier
jaw la mâchoire
jealous jaloux
jeans le jean
jellyfish la méduse
jeweller's la bijouterie
jewellery les bijoux
Jewish juif
job le travail

jogging le jogging; go jogging faire du jogging
joint le joint
joke la plaisanterie
journey le voyage
jug le pot
juice le jus
July juillet
jump sauter
jumper le pull
junction le croisement
June juin
just: just two deux seulement

keep garder
kettle la bouilloire
key la clé
kidneys les reins ; les rognons
kill tuer
kilo le kilo
kilometre le kilomètre
kind aimable
king le roi
kiss le baiser
kiss embrasser
kitchen la cuisine
knee le genou
knife le couteau
knit tricoter
knock over renverser
know savoir; connaître; I don't know je ne sais pas

label l'étiquette

ladder l'échelle
ladies les toilettes pour dames
lady la dame
lager la bière
lake le lac
lamb l'agneau
lamp la lampe
land atterrir
landscape le paysage
language la langue
language school l'école de langues
large grand
last dernier; **last year** l'année dernière; **at last** enfin
late tard; **arrive/ be late** arriver/ être en retard; **later** plus tard
laugh rire
launderette le lavomatic
laundry le linge sale; la blanchisserie
law la loi
lawn la pelouse
lawyer l'avocat
laxative le laxatif
lazy paresseux
leaf la feuille
leaflet le dépliant
leak la fuite
learn apprendre
least: at least au moins
leather le cuir
leave laisser; partir; oublier
left la gauche; **on the left (of)** à gauche (de)
left-handed gaucher
left luggage la consigne
leg la jambe
lemon le citron
lemonade la limonade
lemon tea le thé citron

lend prêter
length la longueur
lens l'objectif
less moins
lesson la leçon
let laisser; **to let** à louer
letter la lettre
letterbox la boîte à lettres
lettuce la laitue
level crossing le passage à niveau
library la bibliothèque
licence le permis
lid le couvercle
lie mentir
lie down s'étendre
life la vie
lift l'ascenseur; **give a lift to** emmener
light la lumière; le phare; **have you got a light?** vous avez du feu ?
light léger; **light blue** bleu clair
light allumer
light bulb l'ampoule
lighter le briquet
lighthouse le phare
light meter le photomètre
like aimer; **I would like** j'aimerais
like comme
lip la lèvre
lipstick le rouge à lèvres
list la liste
listen (to) écouter
litre le litre
litter les ordures
little petit; peu; **a little bit (of)** un peu (de)
live vivre; habiter
liver le foie
living room le living

ANGLAIS-FRANÇAIS

lobster le homard
lock la serrure
lock fermer à clé
lollipop la sucette
London Londres
long long; **a long time** longtemps
look avoir l'air; **look (at)** regarder; **look like** ressembler à; **look for** chercher; **look out!** attention !
lorry le camion
lose perdre
lost property office les objets trouvés
lot: a lot (of) beaucoup (de)
loud fort
lounge le salon
love l'amour; **make love** faire l'amour
love aimer
lovely ravissant
low bas
luck la chance; **good luck!** bonne chance !
luggage les bagages
lukewarm tiède
lunch le déjeuner
lungs les poumons

mad fou
Madam madame
maiden name le nom de jeune fille
mail le courrier
main principal
make faire
make-up le maquillage

male chauvinist pig le phallocrate
man l'homme
manager le patron; le gérant
many beaucoup; **many ...** beaucoup de ...
map la carte; le plan
March mars
market le marché
marmalade la confiture d'orange
married marié
mass la messe
match l'allumette; le match
material le tissu
matter: it doesn't matter ça ne fait rien
mattress le matelas
May mai
maybe peut-être
me me; **for me** pour moi; **me too** moi aussi; (*voir grammaire*)
meal le repas; **enjoy your meal!** bon appétit !
mean signifier
measles la rougeole; **German measles** la rubéole
meat la viande
mechanic le mécanicien
medicine le médicament
medium à point
medium-sized moyen
meet rencontrer
meeting la réunion
mend réparer
menu la carte; **set menu** le menu
mess la pagaille
message le message
metal le métal
metre le mètre
midday midi

middle le milieu
Middle Ages le moyen âge
midnight minuit
milk le lait
minced meat la viande hachée
mind: do you mind if I ...? ça vous dérange si je ... ?
mine le mien, la mienne (*voir grammaire*)
mineral water l'eau minérale
minute la minute
mirror le miroir
Miss Mademoiselle, Mlle
miss rater; **I miss you** tu me manques
mistake l'erreur
misunderstanding le malentendu
mix mélanger
modern moderne
moisturizer la crème hydratante
Monday lundi
money l'argent
month le mois
mood l'humeur
moon la lune
moped la mobylette
more plus; **no more ...** plus de ...
morning le matin; **good morning** bonjour
most (of) la plupart (de)
mother la mère
motorbike la moto
motorboat le hors-bord
motorway l'autoroute
mountain la montagne
mouse la souris
moustache la moustache
mouth la bouche
move bouger

Mr Monsieur, M
Mrs Madame, Mme
Ms Mme, Mlle
much beaucoup; **not much time** pas beaucoup de temps
mum la maman
muscle le muscle
museum le musée
mushrooms les champignons
music la musique
musical instrument l'instrument de musique
mussels les moules
must: I/ she must je dois/ elle doit
mustard la moutarde
my mon, ma, mes (*voir grammaire*)

nail le clou
nail clippers la pince à ongles
nailfile la lime à ongles
nail polish le vernis à ongles
nail polish remover le dissolvant
naked nu
name le nom; **what's your name?** comment vous appelez-vous ?; **my name is Jim** je m'appelle Jim
napkin la serviette
nappy la couche
nappy-liners les protège-couches
narrow étroit
nationality la nationalité
natural naturel
nature la nature

near près de; **near here** près d'ici; **the nearest . . .** le/ la . . . le/ la plus proche
nearly presque
necessary nécessaire
neck le cou
necklace le collier
need: I need . . . j'ai besoin de . . .
needle l'aiguille
negative le négatif
neighbour le voisin
neither . . . nor . . . ni . . . ni . . .
nephew le neveu
nervous nerveux
neurotic névrosé
never jamais
new nouveau; neuf
news les nouvelles
newsagent le tabac-journaux
newspaper le journal
New Year le Nouvel An
next prochain; suivant; **next year** l'année prochaine
next to à côté de
nice sympathique; joli; bon
nickname le surnom
niece la nièce
night la nuit; **good night** bonne nuit
nightclub la boîte de nuit
nightdress la chemise de nuit
nightmare le cauchemar
no non; **no . . .** pas de . . .
nobody personne
noise le bruit
noisy bruyant
non-smoking non-fumeurs
north le nord
Northern Ireland l'Irlande du Nord
North Sea la mer du Nord

nose le nez
not pas; **I'm not tired** je ne suis pas fatigué
note le billet de banque
notebook le cahier
nothing rien
novel le roman
November novembre
now maintenant
nowhere nulle part
number le numéro
number plate la plaque minéralogique
nurse l'infirmière
nut la noix; l'écrou

obnoxious insupportable
obvious évident
October octobre
octopus le poulpe
of de
off éteint; **10% off** 10% de réduction
offend blesser
offer offrir
office le bureau
off-licence le marchand de vins
often souvent
oil l'huile
ointment la pommade
OK d'accord; **I'm OK** ça va
old vieux; **how old are you?** quel âge avez-vous ?; **I'm 25 years old** j'ai 25 ans
old-age pensioner le retraité
olive oil l'huile d'olive
on sur; allumé
once une fois

one un, une
onion l'oignon
only seulement
open ouvert
open ouvrir
opera l'opéra
opposite le contraire
opposite: opposite the church en face de l'église
optician l'opticien
optimistic optimiste
or ou
orange orange
orchestra l'orchestre
order commander
organize organiser
other autre
otherwise sinon
our notre, nos (*voir grammaire*)
ours le/la nôtre (*voir grammaire*)
out: out of de; **she's out** elle est sortie
outside dehors
oven le four
over au-dessus de; fini; **over there** là-bas
overdone trop cuit
overtake doubler
owner le propriétaire
oyster l'huître

pack faire ses bagages
package le paquet
package tour le voyage organisé
packed lunch le casse-croûte

packet le paquet
page la page
pain la douleur
painful douloureux
painkiller l'analgésique
paint peindre
paint brush le pinceau
painting le tableau
pair la paire
palace le palais
pancake la crêpe
panic la panique
panties le slip
paper le papier; le journal
parcel le colis
pardon? comment ?
parents les parents
park le parc
park se garer
part la partie
party la fête; le groupe
pass le col
passenger le passager
passport le passeport
pasta les pâtes
path le sentier
pavement le trottoir
pay payer
peach la pêche
peanuts les cacahuètes
pear la poire
peas les petits pois
pedal la pédale
pedestrian le piéton
pedestrian crossing le passage clouté
pedestrian precinct la zone piétonne
pen le stylo
pencil le crayon
pencil sharpener le taille-crayon
penicillin la pénicilline

ANGLAIS-FRANÇAIS

penis le pénis
penknife le canif
people les gens
pepper le poivre; le poivron
per: per week par semaine;
  per cent pour cent
perfect parfait
perfume le parfum
period la période; les règles
perm la permanente
person la personne
petrol l'essence
petrol station la station-
  service
phone téléphoner (à)
phone book l'annuaire
phone box la cabine
  téléphonique
phone number le numéro de
  téléphone
photograph la photographie
photograph photographier
photographer le
  photographe
phrase book le guide de
  conversation
pie la tarte
piece le morceau
pig le cochon
piles les hémorroïdes
pill la pilule
pillow l'oreiller
pilot le pilote
pin l'épingle
pineapple l'ananas
pink rose
pipe le tuyau; la pipe
pity: it's a pity c'est
  dommage
plane l'avion
plant la plante
plastic le plastique
plastic bag le sac en plastique

plate l'assiette
platform le quai
play la pièce de théâtre
play jouer
pleasant agréable
please s'il vous plaît
pleased content; **pleased to
  meet you!** enchanté !
pliers la pince
plug la prise; la bonde
plum la prune
plumber le plombier
p.m.: 3 p.m. 3 heures de
  l'après-midi; **11 p.m.** 11
  heures du soir
pneumonia la pneumonie
pocket la poche
poison le poison
police la police
policeman l'agent de police
police station le commissariat
polite poli
political politique
politics la politique
polluted pollué
pond l'étang
pony le poney
poor pauvre
pop music la musique pop
pork le porc
port le porto; le port
porter le portier
possible possible
post poster
postcard la carte postale
poster le poster; l'affiche
postman le facteur
post office la poste
potato la pomme de terre
poultry la volaille
pound la livre
power cut la coupure de
  courant

practical pratique
pram le landau
prawn la crevette
prefer préférer
pregnant enceinte
prepare préparer
prescription l'ordonnance
present le cadeau
pretty joli; **pretty good** assez bien
price le prix
priest le prêtre
prince le prince
princess la princesse
printed matter l'imprimé
prison la prison
private privé
probably probablement
problem le problème
prohibited interdit
promise promettre
pronounce prononcer
protect protéger
Protestant protestant; **Protestant church** le temple
proud fier
public public
pull tirer
pump la pompe
puncture la crevaison
punk punk
purple violet
purse le porte-monnaie
push pousser
pushchair la poussette
put mettre
pyjamas le pyjama

quality la qualité

quarter le quart
quay le quai
queen la reine
question la question
queue la queue
queue faire la queue
quick rapide
quickly vite
quiet tranquille; **quiet!** silence !
quilt le duvet
quite assez

rabbit le lapin
radiator le radiateur
railway le chemin de fer
rain la pluie
rain pleuvoir; **it's raining** il pleut
rainbow l'arc-en-ciel
raincoat l'imperméable
rape le viol
rare rare; bleu
raspberry la framboise
rat le rat
rather plutôt
raw cru
razor le rasoir
razor blade la lame de rasoir
read lire
ready prêt
really vraiment
rear lights les feux arrière
rearview mirror le rétroviseur
receipt le reçu
receive recevoir
receptionist le/la réceptionniste

recipe la recette
recognize reconnaître
recommend recommander
record le disque
record player l'électrophone
record shop le disquaire
red rouge
red-headed roux
refund rembourser
relax se détendre
remember se souvenir de; **I remember** je m'en souviens
rent le loyer
rent louer
repair réparer
repeat répéter
reservation la réservation
reserve réserver
responsible responsable
rest le reste; le repos; **take a rest** se reposer
return ticket l'aller retour
reverse la marche arrière
rheumatism les rhumatismes
rib la côte
rice le riz
rich riche; lourd
ridiculous ridicule
right la droite; **on the right (of)** à droite (de)
right juste; le droit
right of way la priorité
ring la bague
ring téléphoner à
ripe mûr
river la rivière
road la route; la rue
roadsign le panneau de signalisation
roadworks les travaux
rock le rocher
rock climbing la varappe
rock music le rock

roll le petit pain
roof le toit
roof rack la galerie (*voiture*)
room la chambre
rope la corde
rose la rose
rotten pourri
round rond; **round the corner** au coin de la rue
roundabout le rond-point
route l'itinéraire
rowing boat le bateau à rames
rubber le caoutchouc; la gomme
rubber band l'élastique
rubbish les ordures
rucksack le sac à dos
rude grossier
rug le tapis
ruins les ruines
rum le rhum
run courir

sad triste
safe en sécurité
safety pin l'épingle de nourrice
sailboard la planche à voile
sailing la voile
sailing boat le bateau à voile
salad la salade
salad dressing la vinaigrette
sale la vente; les soldes; **for sale** à vendre
salmon le saumon
salt le sel
salty salé
same même

sand le sable
sandals les sandales
sand dunes les dunes
sanitary towel la serviette hygiénique
Saturday samedi
saucepan la casserole
saucer la soucoupe
sausage la saucisse
savoury salé
say dire
scarf l'écharpe; le foulard
scenery le paysage
school l'école
science la science
scissors les ciseaux
Scotland l'Ecosse
Scottish écossais
scrambled eggs les oeufs brouillés
scream crier
screw la vis
screwdriver le tournevis
sea la mer
seafood les fruits de mer
seagull la mouette
seasick: I'm seasick j'ai le mal de mer
seaside: at the seaside au bord de la mer
season la saison; **in the high season** en haute saison
seat le siège; la place
seat belt la ceinture de sécurité
seaweed les algues
second la seconde
second-hand d'occasion
secret secret
see voir; **see you tomorrow** à demain
sell vendre
sellotape (R) le papier collant

send envoyer
sensible raisonnable
sensitive sensible
separate séparé
separately séparément
September septembre
serious sérieux
serve servir
service le service
service charge le service
several plusieurs
sew coudre
sex le sexe
sexist sexiste
shade l'ombre
shampoo le shampoing
share partager
shark le requin
shave se raser
shaving brush le blaireau
shaving foam la mousse à raser
she elle
sheep le mouton
sheet le drap
shell la coquille
shellfish les crustacés
ship le bateau
shirt la chemise
shock le choc
shock-absorber l'amortisseur
shocking scandaleux
shoe laces les lacets
shoe polish le cirage
shoe repairer le cordonnier
shoes les chaussures
shop le magasin
shopping le shopping; **go shopping** faire du shopping
shopping bag le cabas
shopping centre le centre commercial

shore le rivage
short court
shortcut le raccourci
shorts les shorts
shortsighted myope
shoulder l'épaule
shout crier
show montrer
shower la douche; l'averse
shutter l'obturateur
shutters les volets
shy timide
sick: I feel sick je me sens mal; **I'm going to be sick** j'ai envie de vomir
side le côté
sidelights les feux de position
sign signer
silk la soie
silver l'argent
silver foil le papier d'argent
similar semblable
simple simple
since depuis (que)
sincere sincère
sing chanter
single célibataire
single room la chambre pour une personne
single ticket l'aller simple
sink l'évier
sink couler
sir Monsieur
sister la sœur
sister-in-law la belle- sœur
sit down s'asseoir
size la taille (*grandeur*)
ski le ski
ski skier
skid déraper
skiing le ski
ski-lift le remonte-pente

skin la peau
skin cleanser le démaquillant
skin-diving la plongée sous-marine
skinny maigre
skirt la jupe
ski slope la piste de ski
skull le crâne
sky le ciel
sleep dormir
sleeper le wagon-lit
sleeping bag le sac de couchage
sleeping pill le somnifère
sleepy: I'm sleepy j'ai sommeil
slice la tranche
slide la diapositive
slim mince
slippers les pantoufles
slippery glissant
slow lent
slowly lentement
small petit
smell l'odeur
smell sentir
smile le sourire
smile sourire
smoke la fumée
smoke fumer
smoking fumeurs
snack le casse-croûte
snail l'escargot
snake le serpent
sneeze éternuer
snore ronfler
snow la neige
so: so beautiful/ big si beau/ grand
soaking solution la solution de trempage
soap le savon
soccer le football

socket la prise
socks les chaussettes
soft doux
soft drink la boisson non-
  alcoolisée
soft lenses les lentilles
  souples
sole la semelle
some quelques-uns; **some
  wine/ flour/ biscuits** du
  vin/ de la farine/ des biscuits
somebody quelqu'un
something quelque chose
sometimes parfois
somewhere quelque part
son le fils
song la chanson
son-in-law le beau-fils
soon bientôt
sore: I've got a sore throat j'ai
  mal à la gorge
sorry excusez-moi;
  pardon ?; **I'm sorry** je suis
  désolé
soup le potage
sour acide
south le sud
spade la pelle
Spain l'Espagne
Spanish espagnol
spanner la clé anglaise
spare parts les pièces de
  rechange
spare tyre le pneu de
  rechange
spark plug la bougie
speak parler; **do you speak
  ...?** parlez-vous ... ?
speed la vitesse
speed limit la limitation de
  vitesse
speedometer le compteur
spend dépenser

spice l'épice
spider l'araignée
spinach les épinards
spoke le rayon
spoon la cuiller
spot le bouton
spring le printemps; le
  ressort
square la place
stain la tache
stairs l'escalier
stamp le timbre
stand se tenir debout; **I can't
  stand cheese** je ne supporte
  pas le fromage
star l'étoile
starter l'entrée
state l'état
station la gare
stationer's la papeterie
stay le séjour
stay rester; loger
steal voler
steamer le bateau à vapeur
steep raide
steering la direction
steering wheel le volant
stepfather le beau-père
stepmother la belle-mère
stewardess l'hôtesse de l'air
still encore
sting piquer
stockings les bas
stomach le ventre
stomach ache les maux
  d'estomac
stone la pierre
stop l'arrêt
stop s'arrêter; **stop!** arrêtez !
storm la tempête
story l'histoire
straight ahead tout droit
strange bizarre

stranger l'étranger
strawberry la fraise
stream le ruisseau
street la rue
string la ficelle
stroke l'attaque
strong fort
stuck coincé
student l'étudiant, l'étudiante
stupid stupide
suburbs la banlieue
suddenly tout d'un coup
suede le daim
sugar le sucre
suit le complet
suit: blue suits you le bleu te va bien
suitcase la valise
summer l'été
sun le soleil
sunbathe se bronzer
sunblock l'écran total
sunburn le coup de soleil
Sunday dimanche
sunglasses les lunettes de soleil
sunny ensoleillé
sunset le coucher de soleil
sunshine le soleil
sunstroke l'insolation
suntan le bronzage
suntan lotion le lait solaire
suntan oil l'huile solaire
supermarket le supermarché
sure sûr
surname le nom de famille
surprising surprenant
swallow avaler
sweat transpirer
sweater le pullover
sweet le bonbon; le dessert
sweet doux

swim nager
swimming la natation; go swimming aller se baigner
swimming costume le maillot de bain
swimming pool la piscine
swimming trunks le slip de bain
Swiss suisse
switch l'interrupteur
switch off éteindre; arrêter
switch on allumer; mettre en marche
Switzerland la Suisse
swollen enflé

T

tablecloth la nappe
tablet le comprimé
table tennis le ping-pong
tail la queue
take prendre; take away enlever; to take away à emporter; take off décoller
talcum powder le talc
talk parler
tall grand
tan le bronzage
tank le réservoir
tap le robinet
tape la bande magnétique
tart la tarte
taste le goût
taste goûter
tea le thé; le goûter
teach enseigner
teacher le professeur
team l'équipe
teapot la théière
tea towel le torchon à vaisselle

teenager l'adolescent, l'adolescente

telephone directory le bottin

tent la tente

terrible épouvantable

terrific fantastique

than: uglier than plus laid que

thank remercier

thank you merci

that ce, cette; ça, cela; **I think that ...** je pense que ...; **that one** celui-là, celle-là

the le, la, les (*voir grammaire*)

theatre le théâtre

their leur (*voir grammaire*)

theirs le/la leur (*voir grammaire*)

them les; leur; eux, elles (*voir grammaire*)

then alors

there là; **there is/are** il y a; **is/are there ...?** est-ce qu'il y a ...?

these ces; ceux-ci, celles-ci

they ils, elles

thick épais

thief le voleur

thigh la cuisse

thin mince

thing la chose

think penser

thirsty: I'm thirsty j'ai soif

this ce, cette; ceci; **this one** celui-ci, celle-ci

those ces; ceux-là, celles-là

thread le fil

throat la gorge

throat pastilles les pastilles pour la gorge

through par

throw lancer; **throw away** jeter

thunder le tonnerre

thunderstorm l'orage

Thursday jeudi

ticket le billet

ticket office le guichet

tide la marée

tie la cravate

tight étroit

tights les collants

time le temps; la fois; **on time** à l'heure; **what time is it?** quelle heure est-il?

timetable l'horaire

tin opener l'ouvre-boîte

tip le pourboire

tired fatigué

tissues les kleenex (R)

to: I'm going to Paris/ Scotland je vais à Paris/ en Ecosse

tobacco le tabac

today aujourd'hui

toe l'orteil

together ensemble

toilet les toilettes

toilet paper le papier hygiénique

tomato la tomate

tomorrow demain

tongue la langue

tonight ce soir

tonsillitis l'angine

too aussi; **too big** trop grand; **not too much** pas trop

tool l'outil

tooth, *pl* **teeth** la dent

toothache le mal de dents

toothbrush la brosse à dents

toothpaste le dentifrice

top: at the top en haut

torch la lampe de poche

touch toucher

tourist le/la touriste

ANGLAIS-FRANÇAIS

towel la serviette de bain
tower la tour
town la ville
town hall la mairie
toy le jouet
tracksuit le survêtement de sport
traditional traditionnel
traffic la circulation
traffic jam l'embouteillage
traffic lights les feux de signalisation
traffic warden le/la contractuel
trailer la remorque
trainers les tennis
translate traduire
travel voyager
travel agent's l'agence de voyages
traveller's cheque le chèque de voyage
tray le plateau
tree l'arbre
tremendous super
trip l'excursion
trolley le chariot
trousers le pantalon
true vrai
try essayer; **try on** essayer
Tuesday mardi
tuna fish le thon
turkey la dinde
turn tourner
tweezers la pince à épiler
twin room la chambre à deux lits
twins les jumeaux
typewriter la machine à écrire
tyre le pneu

ugly laid
umbrella le parapluie
uncle l'oncle
under sous
underdone mal cuit
underground le métro
underneath dessous; sous
underpants le slip
understand comprendre
underwear les sous-vêtements
unemployed au chômage
unfortunately malheureusement
United States les Etats-Unis
unpack défaire sa valise
unpleasant désagréable
until jusqu'à (ce que)
up: up there là-haut
upstairs en haut
urgent urgent
us nous (*voir grammaire*)
use utiliser
useful utile
usual habituel
usually d'habitude

vaccination le vaccin
vacuum cleaner l'aspirateur
vagina le vagin
valid valable
valley la vallée
van la camionnette
vanilla la vanille
VD la maladie vénérienne

veal le veau
vegetables les légumes
vegetarian végétarien
vehicle le véhicule
very très; **very much** beaucoup
vet le vétérinaire
video recorder le magnétoscope
view la vue
viewfinder le viseur
vinegar le vinaigre
visit visiter
voice la voix

waist la taille (*partie du corps*)
wait attendre
waiter le garçon
waiting room la salle d'attente
waitress la serveuse
wake up réveiller; se réveiller
Wales le Pays de Galles
walk la promenade; **go for a walk** aller se promener
walk marcher
wall le mur
wallet le portefeuille
want vouloir; **I want** je veux; **do you want ...?** voulez-vous ... ?
war la guerre
warm chaud; **it's warm** il fait chaud
wash laver; se laver
washbasin le lavabo
washing la lessive
washing machine la machine à laver
washing powder la lessive

washing-up la vaisselle
washing-up liquid le produit de vaisselle
wasp la guêpe
watch la montre
watch regarder
water l'eau
waterfall la cascade
waterski le ski nautique
wave la vague
way: this way comme ceci; par ici
we nous
weak faible
weather le temps
weather forecast la météo
wedding le mariage
Wednesday mercredi
week la semaine
weight le poids
welcome! bienvenue !; **you're welcome** je vous en prie
well: he's well/ not well il va bien/ mal
well bien
well done bien cuit
wellingtons les bottes de caoutchouc
Welsh gallois
west l'ouest
wet mouillé
what ...? que ... ?; **what?** quoi ?; **what's this?** qu'est-ce que c'est ?
wheel la roue
wheelchair le fauteuil roulant
when quand
where où
which quel
while pendant que
whipped cream la crème Chantilly

white blanc
who qui
whole entier
whooping cough la coqueluche
whose: whose is this? c'est à qui ?
why pourquoi
wide large
widow la veuve
widower le veuf
wife la femme
wild sauvage
win gagner
wind le vent
window la fenêtre
windscreen le pare-brise
windscreen wiper l'essuie-glace
wine le vin; **red/ white wine** le vin rouge/ blanc
wing l'aile
winter l'hiver
wire le fil de fer
wish: best wishes meilleurs vœux
with avec
without sans
witness le témoin
woman la femme
wonderful merveilleux
wood le bois
wool la laine
word le mot
work le travail
work travailler; **it's not working** ça ne marche pas
world le monde
worry le souci
worry about se faire du souci pour
worse pire
worst le/la pire

wound la blessure
wrap emballer
wrapping paper le papier d'emballage
wrench la clé anglaise
wrist le poignet
write écrire
writing paper le papier à lettres
wrong faux

X-ray la radio

year l'année
yellow jaune
yes oui; **oh yes I do!** mais si!
yesterday hier
yet: not yet pas encore
yoghurt le yaourt
you tu; te; toi; vous (*voir grammaire*)
young jeune; **young people** les jeunes
your ton, ta, tes; votre, vos (*voir grammaire*)
yours le tien, la tienne; le/la vôtre (*voir grammaire*)
youth hostel l'auberge de jeunesse

zip la fermeture éclair

GRAMMAIRE

Il n'y a qu'un seul **ARTICLE DEFINI** en anglais que l'on utilise pour traduire 'le', 'la', 'les':

the shop	le magasin
the street	la rue
the trains	les trains

De même qu'il n'existe qu'un seul **ARTICLE INDEFINI** pour traduire 'un' et 'une'. Cet article **a** devient **an** s'il est placé devant un nom commençant par **a**, **e**, **i** ou **o** et quelquefois par **u**:

a shop	un magasin
a street	une rue
an idea	une idée
an umbrella	un parapluie

lorsque '**u**' se prononce iou on utilise **a**:

a university	une université

Les **ADJECTIFS** sont invariables et se placent devant le nom:

a big shop	un grand magasin
a big street	une grande rue
an Indian restaurant	un restaurant indien
the Indian community	la communauté indienne

Le **PLURIEL** se forme généralement en ajoutant un **s**:

the shop	**the shops**	les magasins
the street	**the streets**	les rues

Le **s** final se prononce toujours en anglais.

Si le nom se termine par **-ch**, **-o**, **-s**, **-sh**, **-x**, **-z** on marquera le pluriel en ajoutant **-es**:

the church	**the churches**	les églises
the box	**the boxes**	les boîtes

Si le nom se termine par une consonne suivie d'un **y**, le **y** disparaît au pluriel et est remplacé par **-ies**:

	the city	**the cities**	les villes
	the party	**the parties**	les fêtes
(mais	**the boy**	**the boys**	les garçons)

120

GRAMMAIRE

Si le nom se termine par **-fe** (et quelquefois par **-f**), le **-fe** devient **-ves**:

knife	**knives**	les couteaux
life	**lives**	les vies
loaf	**loaves**	les pains

Il existe cependant quelques exceptions:

child	**children**	les enfants
foot	**feet**	les pieds
man	**men**	les hommes
mouse	**mice**	les souris
sheep	**sheep**	les moutons
tooth	**teeth**	les dents
woman	**women**	les femmes

La *FORME COMPARATIVE* des adjectifs s'obtient en ajoutant la terminaison **-er** à l'adjectif:

fast	**faster**	vite/plus vite
narrow	**narrower**	étroit/plus étroit

Lorsque l'adjectif se termine par une consonne suivie de y ce dernier est remplacé par **-ier**:

funny	**funnier**	marrant/plus marrant

En règle générale, si l'adjectif a plus de deux syllabes on utilisera l'adverbe '**more**' devant l'adjectif:

expensive	**more expensive**	cher/plus cher

Plus que:

it was more expensive than that
c'était plus cher que cela

Aussi . . . que

as useful as possible
aussi utile que possible

On obtient la *FORME SUPERLATIVE* en ajoutant la terminaison **-est** ou en plaçant '**the most**' devant l'adjectif:

fast	**the fastest**	vite/le plus vite
funny	**the funniest**	marrant/ le plus marrant
expensive	**the most expensive**	cher/le plus cher

GRAMMAIRE

Il existe cependant quelques exceptions:

good	better	the best
bon	mieux	le meilleur
bad	**worse**	**the worst**
mauvais	pire	le pire

On obtient l'*ADVERBE* en ajoutant la terminaison **-ly** à l'adjectif:

a gradual change	un changement graduel
he changed gradually	il a changé graduellement

Il existe deux catégories de *PRONOMS PERSONNELS*:

I	(je)	**me**	(me, moi)
you	(tu)	**you**	(te, toi)
he	(il)	**him**	(le, lui)
she	(elle)	**her**	(la, lui, elle)
it	(il, elle)	**it**	(le, la, lui, elle)*
we	(nous)	**us**	(nous)
you	(vous)	**you**	(vous)
they	(ils, elles)	**them**	(leur, eux, elles)

Remarque: **it** ne s'utilise que pour les objects et les animaux. Il n'y a qu'un seul pronom en anglais pour tu/vous.

I understand you
je te/vous comprends

it is for her
c'est pour elle

if I write to them
si je leur écris

On peut utiliser *YOU* pour traduire 'on':

you never know	on ne sait jamais

Si 'on' représente des gens en général ou un groupement officiel il faudra utiliser **they**:

they say that ...	on dit que ...
they have changed the law	on a changé la loi

Il n'y a qu'un groupe d'*ADJECTIFS POSSESSIFS*:

my	mon, ma, mes
your	ton, ta, tes
his	son, sa, ses
her	son, sa, ses
its	son, sa, ses

GRAMMAIRE

our	notre, nos
your	votre, vos
their	leur, leurs

L'adjectif possessif ne s'accorde pas avec le nom qu'il qualifie et sera du genre et du nombre de la personne ou de la chose qui possède:

he visited his house	il a visité sa maison (à lui)
he visited her house	il a visité sa maison (à elle)
the house and its garden	la maison et son jardin

Il n'y a qu'un groupe de ***PRONOMS POSSESSIFS***:

mine	le mien, la mienne, les miens, les miennes
yours	le tien etc
his	le sien etc
hers	le sien etc
its	le sien etc
ours	le nôtre etc
yours	le vôtre etc
theirs	le leur etc

is that mine? — no, it's hers
c'est à moi? — non, c'est à elle

he lost his	il a perdu le sien (etc)
she lost hers	elle a perdu le sien (etc)
theirs is better	le leur (etc) est mieux

Le ***PRESENT*** des ***VERBES*** anglais est très simple: en effet le verbe ne change pas sauf à la troisième personne du singulier pour laquelle on ajoute la terminaison **-s**:

I take	(je prends)	**we take**	(nous prenons)
you take	(tu prends)	**you take**	(vous prenez)
he/she/it takes	(il/elle prend)	**they take**	(ils/elles prennent)

Remarque: pour les verbes finissant en **-ch**, **-o**, **-s**, **-sh**, **-x** ou **-z** la terminaison du verbe à la troisième personne du singulier sera **-es**.

go	(aller)	**he/she/it goes**	
watch	(regarder)	**he/she/it watches**	
fix	(arranger)	**he/she/it fixes**	

GRAMMAIRE

Le *FUTUR* s'obtient en plaçant **will** avant le verbe:

I will take	(je prendrai)	**we will take**	(nous prendrons)
you will take	(tu prendras)	**you will take**	(vous prendrez)
he/she/it will take	(il/elle prendra)	**they will take**	(ils/elles prendront)

will se contracte souvent en **'ll**:

I'll come back later   je reviendrai (ou reviens) plus tard

Le *PRETERIT* s'obtient en ajoutant au verbe la terminaison **-ed** (si le verbe se termine par une consonne) et **-d** (si le verbe se termine par une voyelle).

Conjugaison du verbe **walk** (marcher, se promener) au *PRÉTÉRIT*:

I walked (j'ai marché)	**we walked**
you walked	**you walked**
he/she/it walked	**they walked**

On utilise le prétérit pour désigner une action passée révolue.

On utilise aussi un autre temps du passée, le *PARFAIT*, pour décrire une action passée qui est encore liée au présent. On obtient le parfait en utilisant le verbe **have** (avoir) au présent suivi du participe passé du verbe choisi. Le participe passé se forme de la même manière que le prétérit:

I have walked	**we have walked**
you have walked	**you have walked**
he/she/it has walked	**they have walked**

Remarque: **have** se contracte souvent en **'ve** et **has** en **'s**.

Comparez les examples suivants:

> **I walked to the beach yesterday**
> hier je suis allé à la plage à pied
>
> **I have walked to the beach every day**
> je suis allé à la plage à pied tous les jours
>
> **last year I walked to the beach every day**
> l'année dernière j'allais à la plage à pied tous les jours

GRAMMAIRE

Au prétérit et au parfait il existe un grand nombre de **VERBES IRRÉGULIERS** ou **VERBES FORTS** et la seule manière de les reconnaître est de les apprendre par cœur ! Voici une liste des verbes irréguliers les plus courants:

Infinitif		*Prétérit*	*Participe passé*
be	(être)	was	been
bear	(supporter)	bore	borne
beat	(battre)	beat	beaten
begin	(commencer)	began	begun
bite	(mordre)	bit	bitten
blow	(souffler)	blew	blown
break	(casser)	broke	broken
bring	(apporter)	brought	brought
build	(construire)	built	built
buy	(acheter)	bought	bought
catch	(attraper)	caught	caught
choose	(choisir)	chose	chosen
come	(venir)	came	come
cost	(coûter)	cost	cost
cut	(couper)	cut	cut
do	(faire)	did	done
dream	(rêver)	dreamt	dreamt
drink	(boire)	drank	drunk
drive	(conduire)	drove	driven
eat	(manger)	ate	eaten
fall	(tomber)	fell	fallen
feel	(ressentir)	felt	felt
find	(trouver)	found	found
forbid	(interdire)	forbade	forbidden
forget	(oublier)	forgot	forgotten
get	(obtenir)	got	got
give	(donner)	gave	given
go	(aller)	went	gone
have	(avoir)	had	had
hear	(entendre)	heard	heard
hold	(tenir)	held	held
keep	(conserver/ garder)	kept	kept
know	(savoir)	knew	known
learn	(apprendre)	learnt	learnt
leave	(quitter)	left	left
lose	(perdre)	lost	lost

GRAMMAIRE

make	(faire)	made	made
meet	(rencontrer)	met	met
pay	(payer)	paid	paid
run	(courir)	ran	run
see	(voir)	saw	seen
sell	(vendre)	sold	sold
send	(envoyer)	sent	sent
shut	(fermer)	shut	shut
sit	(s'asseoir)	sat	sat
sleep	(dormir)	slept	slept
speak	(parler)	spoke	spoken
spend	(dépenser)	spent	spent
stand	(être debout)	stood	stood
swim	(nager)	swam	swum
take	(prendre)	took	taken
tell	(raconter)	told	told
think	(penser)	thought	thought
understand	(comprendre)	understood	understood
wake	(se réveiller)	woke	woken
wear	(porter – vêtement)	wore	worn
win	(gagner)	won	won
write	(écrire)	wrote	written

Un verbe important: **be** (être). Les différentes conjugaisons de ce verbe sont les suivantes:

présent	I am, you are, he/she/it is we are, you are, they are
forme contractée	I'm, you're, he's etc we're, you're, they're
futur	I will be, you will be, he/she/it will be we will be, you will be, they will be
prétérit	I was, you were, he/she/it was we were, you were, they were
parfait	I have been, you have been, he/she/it has been we have been, you have been, they have been

Le **_PRESENT PROGRESSIF_** s'utilise pour décrire des actions ou des états qui sont en train de se passer et non pas des actions qui se passent en général. On obtient le présent progressif en utilisant le verbe **be** conjugué au présent suivi du verbe choisi + la terminaison **-ing**.

GRAMMAIRE

Comparez les exemples suivants:

> **it's raining**   (en ce moment)
> il pleut
>
> **it rains every time I go to London**   (en général)
> il pleut à chaque fois que je vais à Londres
>
> **he is waiting for you**   (en ce moment)
> il t'attend
>
> **he never waits for me**   (en général)
> il ne m'attend jamais

La *FORME NEGATIVE* du présent s'obtient en utilisant le
verbe **do** conjugué au présent + **not** suivi du verbe choisi:

I do not work (je ne travaille pas)	**we do not work**
you do not work	**you do not work**
he/she/it does not work	**they do not work**

do not se contracte souvent en **don't** et **does not** en **doesn't**.

La forme négative du futur se forme avec **not**:

> **I/you/he** etc **will not work**

will not se contracte souvent en **won't**.

La forme négative du prétérit se forme de la même manière
que pour le présent mais en utilisant le verbe **do** conjugué
au prétérit:

> **I/you/he** etc **did not work**

did not se contracte souvent en **didn't**.

La forme négative du parfait se forme avec **not**:

> **I have not worked/ you have not worked/ he has not
> worked**

have not se contracte souvent en **haven't** et **has not** en **hasn't**.

TABLES DE CONVERSION

pouces
  1 pouce = 2,54 cm

pieds
  1 pied = 30,48 cm

yards
  1 yard = 0,91 mètre

miles
  1 mile = 1,609 kilomètre
  1 kilomètre = 0,62 mile

pour convertir des miles en kilomètres: diviser par 5 et multiplier par 8

miles:	1	3	5	10	20	100
kilometres:	1,6	4,8	8	16	32	160

pour convertir des kilomètres en miles: diviser par 8 et multiplier par 5

kilomètres:	2	3	4	5	10	100
miles:	1,25	1,9	2,5	3,1	6,25	62,5

kilos
  1 kilo = 2,2 ou 1⅕ livres environ

pour convertir des kilos en livres: diviser par 5 et multiplier par 11

kilos:	4	5	10	20	30	40
livres:	8,8	11	22	44	66	88

livres
  1 livre = 0,45 ou 5⁄11 kilo environ; 1 'stone' = 14 livres

pintes
  1 pinte = 0,57 litre

gallons
  1 gallon = 4,54 litres

degrés Fahrenheit/centigrades
pour convertir des degrés Fahrenheit en degrés centigrades:
soustraire 32, multiplier par 5 et diviser par 9

Fahrenheit:	40	50	59	68	77	82	86
centigrades:	4	10	15	20	25	28	30

pour convertir des degrés centigrades en degrés Fahrenheit:
diviser par 5, multiplier par 9 et ajouter 32